無宗教なのに どうしてお葬式に お坊さんを呼ぶの？

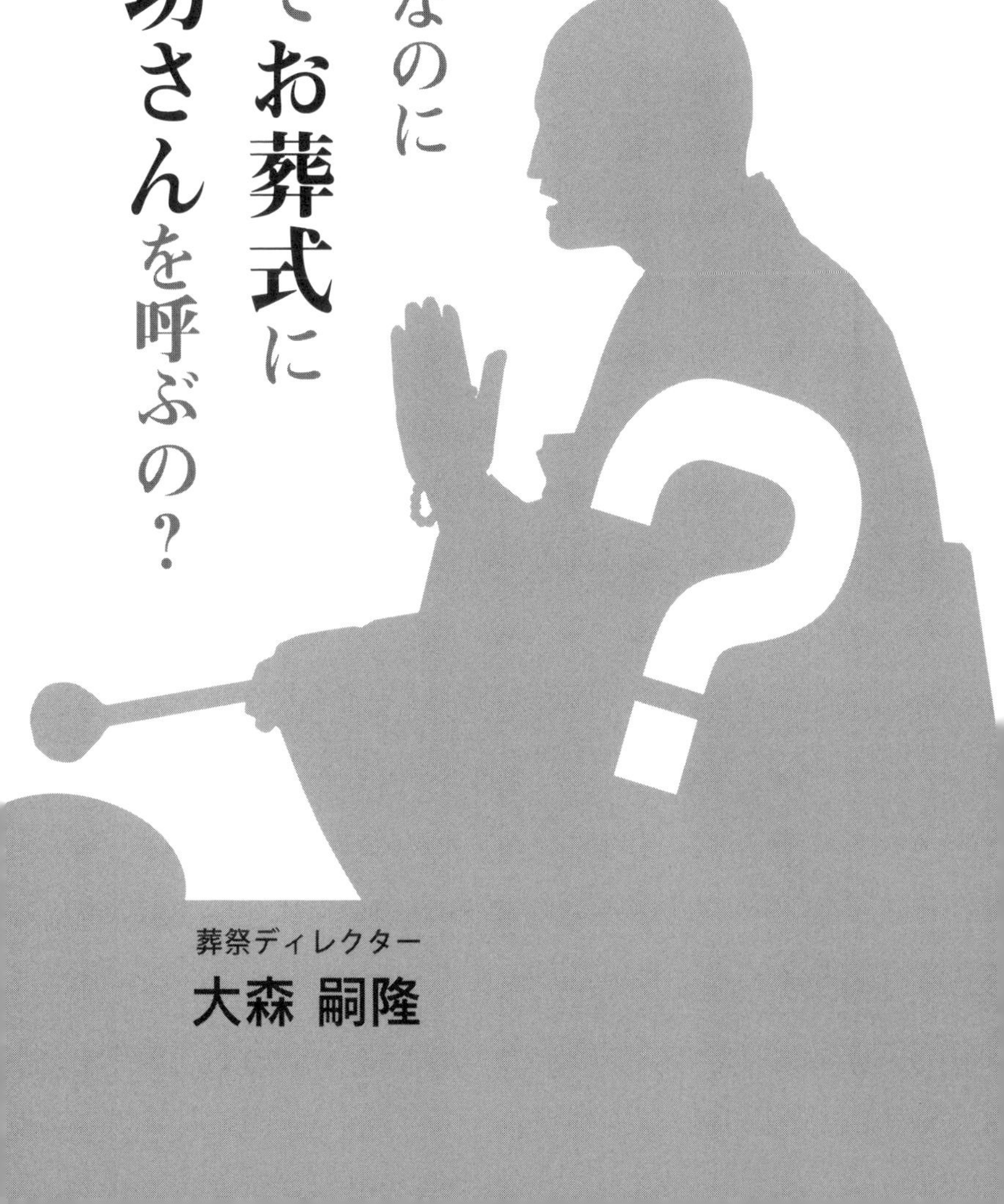

葬祭ディレクター
大森 嗣隆

まえがき …… 6

第1章　葬儀業界に飛び込んで… …… 15

21歳で飛び込んだ葬儀業界 …… 16
自宅での葬儀から会館での葬儀へ …… 19
葬祭ディレクターとしての想い（プライド） …… 24
新モデルの立ち上げ …… 27
新しいモデルのテーマは〝旅〟『最後の家族旅行』 …… 34

第2章　パラダイムシフト……37
葬儀業界に起こった大革命『葬儀ポータルサイト』……38
葬儀はなぜ高い…年中無休・24時間体制の葬儀業界……46
お坊さん便で派遣されるお坊さん……54
【コラム①】お葬式のよくある疑問……58
Q　一般葬は参列する人が多いから高額で、
参列人数の少ない家族葬の方が安いよね？……58
Q　一般葬は参列する人が多いから面倒なことが多いんでしょ？……59
Q　香典はもらった方がいいの？　もらわない方がいいの？……60
第3章　アンケートを取ってみました！……63
アンケートの対象者について……64

お葬式参列と喪主の経験 …… 66
葬儀費用と葬儀への不満 …… 67
お葬式の形式について …… 74
自社アンケートの結果 …… 82
お墓について …… 88
【コラム②】 檀家制度の始まり …… 95
【コラム③】 火葬が普及したのは実は戦後 …… 97
【コラム④】 先祖代々の墓っていつからだろう？ …… 97
【コラム⑤】 お墓が管理できなくなったらどうしたらいい？ …… 99
『お墓』どうしたらいい？　確認フローチャート …… 100

第4章　令和の葬祭ディレクターの役割 …… 101

令和時代の葬祭ディレクターの役割　102
【コラム⑥】仏壇について　115
【コラム⑦】永代供養について　115
【コラム⑧】お墓や仏壇を持たないという選択肢もあります　117
【コラム⑨】散骨や宇宙葬についての基礎知識　118
火葬場収骨に関する調査結果　119

第5章 新しいお葬式のカタチ『想送式』　121

葬送儀礼の三原則　これさえ守ればいい　122
葬儀三原則を満たした新しい葬送のカタチ　126

あとがき　134

まえがき

私の仕事は葬祭ディレクターです。

葬祭ディレクターとは『お葬式の段取り全てを取り仕切る人』です。

…といっても具体的に何をするのかわかる人はあまりいないでしょう。それというのも、そもそも『お葬式』のことをきちんと知っている人が少ないんですね。

皆さんの頭の中にある『お葬式』と言えば、喪服を着て数珠を持ってお経を聞き、お焼香を上げること。親族であれば火葬場まで行き、お骨上げをして初七日《しょなのか》と食事くらいまでが『お葬式』になるのではないでしょうか。

実は『お葬式』に参列した経験は何回かあっても、最初から最後まで『お葬式』に関わる機会はめったにありません。最初から最後まで関わるのは喪主か、喪主レベルの家族となりますが、自分が喪主になるなんて人生に数回あるかどうかです。

そして喪主になるなど、あまり考えたくないのが普通です。なぜなら喪主は自分の親・子・配偶者が亡くなった時になるのがほとんど。つまり自分にとって最も近い『愛する家族が死ぬ』ということを意味するからです。

2009年頃に生まれた【終活《しゅうかつ》】という言葉が、今それなりに定着しているように思いますが、『興味本位で少しかじってみた』ではなく、本当の意味で【終活】をしっかり行い、自分自身の葬儀のことについて事前に調査している人は少数派です（葬儀業界人である私の肌感覚では10％もいらっしゃいません）。

残りの90％以上の方は、本人はもちろんご家族についても、亡くなるその時まで具体的にお葬式のことを考えていません。「考えなきゃ」と思っている方は大勢いますけどね。

でも、それは当たり前なんですよ。

日本では古くから『死』は穢《けが》れとして日常から遠ざけられてきました。
理由はシンプルそのもの。

『死』は無条件に怖いからです。

生きていた体から命が消えた瞬間、それは亡骸《なきがら》になります。二度と動かず、冷たくなってほうっておけば無残な様になります。自分自身や家族がそんな状態になるなんて誰が考えたいでしょうか。めちゃくちゃ怖いし悲しいから一ミリも想像もしたくない。だから目を背ける。自分の周りからもできるだけ『死』に関わるものを遠ざけようとするんです。

いやいや、災害や事件で人が亡くなるニュースを目にしない日はない。遠ざけているなんて嘘でしょと感じる方もいるでしょう。ドラマでもゲームでも映画でも死は非常に身近にあるはずです。

でも、プロの私に言わせたら、所詮はテレビで見ているのは遠くの事件なんです。ドラマやゲームにいたっては『娯楽』で現実感なんてないから楽しめるだけ。目の前に突然本物の死体が現れたら、大抵の人はパニクって動けないですよ。動けるのは多分、警察や消防の関係者、医師や看護師など普段から人の死に関わっている人ぐらいです。

核家族化が言われて久しい今、亡くなった人を見る機会も少なく、ましてや実際にご遺体に触ったことがある人はどれだけいるでしょうか。

ゲームでもドラマでもなく、隣りにいる愛する家族が亡くなることを考えたら、ゾッとして考えそのものを頭の中から追い出そうとする。それが普通でしょう？

　でも現実に『死』は必ずやってきます。

　ギリギリまで遠ざけていても、本当に亡くなってしまったら…、家族のご遺体を前にして何もせず放置することはできません。

　そうして『死』と向き合って自分の中にある様々な感情をなだめるために、死者を弔《とむら》う儀式＝お葬式が必要になるわけです。

　で、話を戻しますが、私達葬儀社の仕事は、多くは病院などで人が亡くなられた直後からスタートします。ご依頼をいただいたらすぐに担当のスタッフが病院に駆けつけます。私も葬祭ディレクターという職業柄、様々な場面を見てきました。

　心臓発作で突然旦那さんを失って泣き崩れている奥さんや、お子さんを事故で亡くされた方、首つりなどで自殺された方…など。

どんな状態であっても病院側は早ければ数時間以内に霊安室を出ていくように言ってきます。亡くなってしまったらもう、その後の対応の仕方をゆっくり調べている時間も悩んでいる時間もないんです（病院側の対応を「ひどい！」と思わないでくださいね。大きな病院では一晩に何名もの死亡退院者が出ますが、霊安室はよほど大きな病院でも二部屋程度しかないため、しかたのないことなのです）。

ご遺体は法律上死亡が確定してから24時間を過ぎないと火葬できないため、ご自宅か葬儀会館の遺体安置所に搬送して安置します。私達はご遺族に葬儀までにするべきことやスケジュールを伝え、葬儀内容を決めたり、それにかかる費用の見積もりをしたり、遺影や会場の準備、【死亡届】【火葬許可証】などの手続きを代行して、無事、お葬式が迎えられるように手配をします。

この段階で『こういうお葬式をしたい』と明確な意見を出される方は

稀《まれ》です。家族の死とやるべきことが多すぎて、まともに考えることもできない。そうして「おまかせします」「これまでと同じようにお願いします」と、みんなが思い描くお葬式をトレースしていく。

『今まで通りのお葬式』、これがまた結構な費用がかかるんですが…。

私達も商売ですからご遺族がそれで良いと言われたら当然、全力でご希望の通りにします。ご遺族のご負担ができるだけ軽くなるように、あらゆる手を尽くし、ご遺族の望む『今まで通りのお葬式』を滞《とどこお》りなく執り行う。

それが当たり前の仕事でした。

でもそれって本当に当たり前のことなんでしょうか？

いつから今のお葬式は当たり前になったんでしょう？

お葬式の話なんて「考えたくない！」「不謹慎だ！」とおっしゃる方、ごもっともです。「これまで通りで結構！」という方も、まあ、ほんの少しお付き合いください。

20年、葬儀業界で生きてきた私の話を読んでいただく間、ちょっとだけ『お葬式について』考えてみてください。

第1章

葬儀業界に飛び込んで…

21歳で飛び込んだ葬儀業界

私が葬儀業界に飛び込んだのは平成10年、21歳の時です。
前職は地元に工場があるハウスメーカーでした。しかし、消費増税や景気の波に非常に左右される職場で、ひどい時は仕事が全く途絶え、残業がないばかりか週休四日という時期まで。「このままここに居てはいけない！　転職しよう！」と思い立った時に、足らないアタマなりにいろいろ考えたわけです。

「どんな時代でもなくならない仕事がいい！」

↓

結婚式はやらない人もいるし、そもそも二人で（普通は）一回だけど、お葬式って絶対やるし、一人一回だよね。

じゃあ葬儀関係なら「食いっぱぐれることはない！」　←

こんな非常に単純な動機で、ちょっとしたご縁もあり、この地域で一番の葬儀社に入社しました。

人の死を扱う仕事なのだからしっかりとして、丁寧で礼節を重んじる仕事なんだろうと勝手な想像をして飛び込んだ業界は、正直、ドタバタの現場作業の連続でした。

安い棺はホームセンターの組み立て家具のようなもので、社員（私のような下っ端）が組み立てるのですが、その仕事がとにかく荒い！　内張りの布を適当にタッカーで止めるものだから布が突っ張ったりたるんだりと、非常に不格好。見えない部分どころか見えているところまで手を抜きまくり状態で、これで数万円なんてあり得ないと思いましたね。

前職がハウスメーカー&もともと職人気質だっただけに、ずさんな作りがどうにも許せず、ある時、思わず先輩社員に「こんなんで大丈夫なんスか？」と口にした時のこと。

「大森ちゃんは細かいなぁ〜。棺桶の内側なんて誰も見てないって。どうせすぐ燃やしちゃうんだから」と、先輩社員に超軽いノリで笑いながら返されたのには、絶句するしかありませんでした。

「それは違うだろ？」と思っても一番下っ端社員が口に出せるものではなく、その後の棺づくりはできるだけ自分でやるようにしました。でも、ぶっちゃけてしまえば、その人だけが特別いい加減だったわけではなく、業界そのものが、いい加減な仕事をしても『看過される程度の業界』だったわけです。

当時、お葬式にとって一番大事なのは『これまで通りにつつがなく執り行うこと』でした。新しい価値観や新しいサービスを提供しなくても、これまで通りにすればお金を支払ってもらえる。そういう意味ではぬるま湯の時代だったとも言えます。

もちろん、これまで通りというのは、逆の見方をすれば『儀礼文化を継承している』という言い方もでき、良い意味では旧来のシキタリ（文化）を踏襲していたとも言えるとは思います。また、実際に依頼が入れば、様々な人達・様々な状況・様々な間取りに即座に対応しながら、言わば『人生の一大事』の方々をつつがなく誘導し、準備期間わずか半日で会場を作り上げ、無事に葬儀を終える技術（現場対応力）は、なかなかに他の業界にはない特殊で高度なスキルであったことは間違いないと思います。

とは言え、やはり今の感覚で言えば、より高みを目指す努力をすることもなく、惰性で毎日同じことを繰り返しているだけの業界であったことも事実でした。

自宅での葬儀から会館での葬儀へ

一つ目の変化が始まったのは入社して数年目くらい、平成14年頃でしょうか。

入社当時、私の地域ではまだご自宅でお葬式をあげる方が7割以上だったように思います。当時、私の会社には葬儀会館が2会館ありましたが、会館で葬儀をされる方はまだまだ少数派でした。

葬儀の依頼が入ると、故人のご自宅に担当者（葬祭ディレクター）が打ち合わせに行き、その後、会社で待機している我々に打ち合わせを終えた担当者から電話で資材積み込みの指示が来ます。

価格に合わせた祭壇・司会用アンプセット・室内を装飾するための幕一式・受付用のテントやイス、机などなど、トラックに放り投げるようにどんどん積んでいきます。私達下っ端の仕事は完全に力仕事で、今の時代なら『イベント業者さん』が一番近い職業でしょう。肉体労働的で大変な面もありましたが、エイヤっと終わる仕事でもありました。

大変だったのはむしろご遺族の方でした。

年配の方であればわかると思いますが、ご自宅でのお葬式はご遺族の負担がめちゃくちゃ大きかったのです。たった今まで生活していた空間をお葬式のために空けなければなりません。ご家族を亡くして泣いている間もなく家の片付けなどに追われます。私達葬儀社が到着する前にタンスを動かし、ふすまを取り払い…、大晦日でもやらないほどの大掃除を一気に行うにはとにかく人手が必要でした。

当時はお葬式となったら親族だけでなくご近所が手伝うのが当たり前。葬儀社+周りの人の手と力を借りて何とか葬儀を終えた後は、お手伝いしてくれたご近所への振る舞いや接待などがありました。

向こう三軒両隣は今よりもずっと親密にお付き合いする関係であり、地域コミュニティに所属している人が亡くなれば、みんなで手伝い、みんなで見送る。お葬式は親戚一同やご近所の絆を深める大切なイベントでもあったのです。

しかし【葬儀会館】が誕生し、しばらく経つと、ご遺族にもご近所にも負担が大きいこの旧来のシステム（文化）は、あっさりと崩壊します。

「葬儀は自宅でやるもんだろ！」という頑固なご年配の方もしばらくはいましたが、あれよあれよという間に会館で葬儀をされる方が多数派になっていきました。

その移り変わりに要した時間はわずか4～5年です。この時、他社に先んじて葬儀会館を建設していた我が社は、ご利用者が一気に増えました。今から思えば当時の社長の先見性は尊敬するばかりです。

ご自宅での葬儀の時は、座布団が足りなければ、ご近所や親族の方が持ってきて何とか間に合わせたりしました。多少汚れていても柄が違っていてもそれで文句を言う人はいませんでした。しかし、会館で使う椅子が汚れていたり曲がっていたりするのは許されません。いかに会館を美しく整えていくかが大切になって、私の几帳面さ（細かさ？）が遺憾なく発揮できるようになりました。

美しく整頓され飾り付けられているホール。控室やトイレ・浴室の清掃と備品補充等々、ご遺族の負担が減った代わりに私達の仕事は一気に増えましたが、仕事に対するやりがいも一緒に増えていきました（正直言うと、個人的にはエイヤっと終わるのと、『現場作業』が性に合っていたので【自宅葬】の方が好きだったんですけどね）。

そうして忙しく働きながら数年もすると、私もいっぱしの葬祭ディレクターとして一件一件の葬儀を担当するようになりました。もともとあった職人気質とお節介で世話焼きな性格が奏功し、プロデュースも会場のセットも掃除も全て『きっちりやり切る』。常に使命感を持って、喪家《もけ》に向き合う葬祭ディレクターとして着実に成長していきました（と、自分では思っています）。

以来、葬祭ディレクターとして、自身で担当した総件数はゆうに１０００件を超え、大小様々な規模のお葬式、そして様々な宗教・宗派、そして様々な年齢の方の葬儀を担当してきました。

葬祭ディレクターとしての想い（プライド）

この業界に身を置き、数年してから今に至るまで常に考えていたことがあります。それは『葬儀業界に従事する人達の社会的地位の向上』です。

今でこそ本心からプライドを持って「素晴らしい仕事だ」と胸を張って言えますが、この業界に飛び込んでから何年もの間、私はこの仕事をあまり誇れませんでした。それは、世間の感覚でもそうであったと思います。

２００８年『おくりびと』という映画が大変ヒットしました。初めて鑑賞したのは、公開から数年後、地上波で放送された時でしたが、その映画のワンシーンに「一生あの人みてーな仕事をして償《つぐな》うか⁉」と納棺師《のうかんし》を指さして言い放つシーンがあったのです。

これが世間の感覚なんだ。これが世間の評価なんだと改めて突きつけられた一瞬でした。

医者や弁護士やパイロットは多くの人のイメージで崇高でとても高度な仕事であり、羨望の眼差しを向けられる職業だと思います。そこまでいかなくても、葬儀に携わる人達（私も含めて）が、世間の人から「良いお仕事をされていますね」「良い会社にお勤めですね」と普通に言ってもらえるようにしたいのです。

我々の仕事はなくてはならないものです。それはわかっています。

あなたは他人の遺体に触《さわ》れますか？
自分の身内なら触れますか？
遺体は『冷たい』と思っている人も多いと思いますが、亡くなられたばかりの体はまだ温かいんです。

綺麗な遺体ばかりではありません。事故・事件、夏場に孤独死され数日以上経過した方、全身に灯油を浴びて焼身自殺された方、事故で原形をとどめない程になった方…、そんな場面でもご家族の前では顔色変えずに業務を遂行するのです。

悲しみに打ちひしがれる方、茫然自失の方、中にはいきなり親戚同士喧嘩を始める方、事故で亡くなった方の葬儀に加害者の方が来られ罵倒されるシーン…。そんな状態を何とか上手くまとめ、無事に葬儀を終えられるように、全神経と全ての知識経験を駆使して取り仕切ります。

そんな我々は、もっともっと評価されても良いはずですし、世間から感謝されるべき仕事であるはずです。それを、この業界に携わる人が…、たとえ業界全体は不可能でも、少なくとも私の会社とその仲間はそう思われるようになっていきたいのです。

新モデルの立ち上げ

平成26年頃のことです。

この頃の私の仕事は現場（葬儀の担当）をこなしながらも開発へとシフトしていました。開発とは主に新しい葬儀会館の建設や、新しいブランド・サービスの構築です。前述のように会館葬儀がほとんどになってくると、皆様の使いやすい場所に葬儀会館があることが我が社を選んでいただける大切なポイントになってきます。

ある日、懇意にしている建設会社の営業さんから「土地が出た」と連絡が入りました。そこは、当時「そのあたりにも自社会館があったら良いな」と考えていた場所です。逆の言い方をすると、そこに他の葬儀社が出てきてもらったら困る場所でした。

その当時はまだまだ一般葬（ご近所の方や会社関係など、広く周知して参列してもらうお葬式）が多く、少人数の親しい身内だけで行う【家族葬】は増えつつあるもののまだ少数でした（この後、急激に増えていくわけですが…）。

当時の会社の方針として、できれば家族葬を推進する方向にはしたくない（小規模＝低単価になるため）という思惑があった頃です。土地の条件としては、正直、一般葬を目指すには若干狭かったのですが、1階は駐車場にして、2階を式場にするなど設計の工夫をし、計画を進めていきました。

ところが、設計が概《おおむ》ね完成したところで大問題が発生。当てにしていた駐車場用地が確保できない可能性が出てきたのです。

色々言い訳はありますが、私の詰めが甘かったのが最大の原因です。冷や汗をかきながらも社長に電話を入れ事情を説明すると、私を責める言葉は一切なく、ただ

「止《や》める（撤退する）か？」と問われました。

そもそも、そこに出店を決めた大きな理由が『他社の抑止』であったわけですから、その選択はしたくないと考えた私は、即座に「3日ください。ここの土地だけで完結するモデルの絵を書きます！」と宣言し、その土地で建物および必要な駐車場台数を確保できる図面を書き上げました。

それは一般葬ではなく、以前から私の中になんとなく…ですが構想があった【プレミアム型家族葬専用モデル】…一般葬にはない付加価値を付けることで、葬儀価格を維持した新しい家族葬専用の会館でした。

とは言え、自分の知る限り世の中に同様のモデルはまだ存在しておらず、どんなサービスを展開していくか全く未知数。そこで、その当時としては先進的な葬祭会館を作られている会社を見学させていただいたり、結婚式場なども見に行くなど研究し、スタッフと共に新しい葬儀の価値観・サービスを構築していきました。

そのモデルを作り上げる中で、私が重視したことは次の三つになります。

① 故人と家族の距離が近いこと
② 儀式以外の時間を大切にすること
③ お葬式だけど気持ちが上向くこと

それぞれについて、詳しくご説明しましょう。

ポイント① 故人と家族の距離が近いこと

これは、気持ちの近さも勿論ですが、物理的な距離感のことです。それまであった葬儀会館は、従来の数十人~数百人が参列するお葬式に対応するための作りになっていました。つまり、故人とご遺族のために設計された建物ではなかったわけです。

広い式場の祭壇前に棺が安置されたその瞬間、会場の作り、荘厳な祭壇が近づき難い雰囲気を作り出してしまい、ご家族でさえ居にくい空間になってしまうのです。

事実、大きなホールでは棺が安置されていても、そこに多くの人が集まることはあまりありませんでした。これは、故人にとってもご遺族にとっても大変寂しいことだと思います。

その昔、ご自宅で葬儀を行う時は、故人を仏間に安置し、その周りを囲むように皆が座り、事情を理解していない孫が走り回って怖いおじさんに怒られる…なんて光景があったと思います。古いお葬式のカタチではありますが、温かいお葬式のカタチでもあったと思います。そんな空間を目指せないかと思いました。

ポイント②　儀式以外の時間を大切にすること

私達葬儀社のサービスって何だろう?とふと我に返った時、実は【通夜】【葬儀】の手伝いをしているに過ぎないということに気が付きました。もちろん、それに伴う様々な業務があり、喪家のために一生懸命仕事をしているのは間違いないのですが、何をしているのか?と問われた時、その答えは『宗教者の儀式を行う手伝い』でしかなかったのです。

葬儀会館で葬儀をされる喪家は、多くの場合24時間以上はその会場を利用することになります。これほど長い間会場にいらっしゃるのに、我々がそこでお手伝いしているのは通夜や葬儀を行うためのたった2時間程度。

「もっと何かできるはずだ」「もっとご家族に寄り添えるはずだ」と考え、新しいモデルでは『会館での時間を価値ある思い出にすること』を考えてサービスを構築していきました。

ポイント③　お葬式だけど気持ちが上向くこと

ここまでお葬式の仕事を続けて来て今更なのですが、正直な気持ちで言うと、私は基本的にお葬式の仕事が好きではありませんでした。もう少し正確に言うと、後ろ向きなこと、前を向けないことが好きではないのです。担当として仕事を受け持てば、もちろん全力でその喪家のために尽くし、一片のミスもないように取り仕切ります。そうして無事に全てを滞りなく終わらせ、更にはお客様から感謝の声をいただけるのはとても遣り甲斐がありりました。しかし、葬儀の仕事は基本的に辛く・寂しく・悲しいものです。

だからこそ会場とサービスで何とか少しでも気持ちを上向かせるお手伝いができないものかと思案し、新しいモデルでは「ここであれば（故人に）寂しい想いをさせなくて済む」「ここであれば（残された）家族に、親戚に気後れすること（質素な葬儀にしてと思われること）なく家族葬でやってもらえる」「ここで葬儀をしたい」などと、前向き（上向き）な想いを持っていただける会場とサービスを目指しました。

それは、お客様に対してのみならず、高品位な会場とサービスを提供することで、スタッフにも「こんな綺麗な所で、先進のサービスを提供する仕事だ」というプライドを持ってもらうことも目的としていました。

新しいモデルのテーマは〝旅〟『最後の家族旅行』

そこで過ごす時間が、あたかも最後に家族で旅行に来たかのような時間であって欲しいとの想いを込め、ホテルのような内装と備品、仏具なども特注し、葬儀色を徹底的に排除した会場にしました。フルーツやチョコレート、朝食のサービス、そしていくつかご用意させていただいているサービスドリンクの中にはシャンパンもあります。

「葬儀会館にシャンパン!?」とお叱りの声をいただくことも覚悟してこのサービスを決めました。シャンパンを出すに至った理由は、このモデルのテーマである『旅』に沿い、非日常を感じていただくためです。そして最も大切なのは、今この瞬間は辛く悲しくとてもシャンパンを召し上がる気持ちではないかもしれませんが、いつの日か「○○さんのお葬式の時、シャンパンがあったよね（笑）」と、皆様の気持ちが上向く一つのきっかけになれば…という願いがありました。

新モデルがオープンし、ご利用いただいたお客様からの感想は、嬉しいものがたくさん、本当にたくさんありました。普通、お葬式の時以外に葬儀会館に立ち入りたい方はいないと思いますし、ましてや長居したいとは思わないでしょう。それなのにこの会場をご利用いただいた何組ものお客様から「もう一泊したい」とのお言葉。シャンパンのサービスも、半数以上のお客様が会場でお召し上がりになり、そうでないお客様もお持ち帰りになるなど、否定される方はほとんどいらっしゃいませんでした。

そして私が一番嬉しかった効果としては、スタッフの意識が大きく変わったことでした。今までの葬儀会館はわかりやすく言えば【公民館・貸しホール】を葬儀専用に使いやすくしたものでしたが、この新しい会場はまさにホテル並みと言っても過言ではないクオリティを維持し、スタッフの所作振る舞いも今までの感覚とは一線を画するものに昇華してくれました。

この会場の噂を聞いて見学に訪れた何社かの葬儀社の方からは「ピカピカに磨かれ、洗面台の蛇口の裏にも水垢がない」「コンセプトとサービスにブレがなく、今までの葬祭場の感覚とは全く違う」とのお褒めをいただいたくらいです。

まさに、「我々の社会的地位を上げたい」という私の夢に対し、一歩近づけるようなものになったと思えた瞬間でした。

ところが……！

これで安泰…なんて言ってられない大きな変化【パラダイムシフト】が葬儀業界とお坊さん達に襲いかかってきたのです！

第2章 パラダイムシフト

葬儀業界に起こった大革命『葬儀ポータルサイト』

平成時代、葬儀業界は三つの大きな【パラダイムシフト※】がありました。

※パラダイムシフト：これまでこうだと信じてきた思想や価値観や枠組みが革命的に劇的にスピーディーに変化すること

一つ目は第1章で述べた変化『自宅葬から会館葬への転換』でした。

二つ目は『一般葬から家族葬』へのシフトです。

一般葬は親族だけでなく、ご近所や知人にも広くお葬式の日程を告知します。関わりのあった人達が誰でも参列していいわけですから、数十人から多い時は数百人を超える規模に膨れ上がります。それは、ご自宅から会館へと会場を変えつつ、平成の後半まで続いてきましたが、その後、一気に家族葬が多数派になっていきました。

この家族葬が増加してきた理由はまず不景気が発端だと考えています。『葬儀はお金がかかる』というのは多くの人の共通認識です。そこに、サブプライムローンの問題から端を発したリーマンショックによる世界的な不景気、その後もしばらく続いた不安定な経済環境を背景に、都市部の葬儀社が商用的に発表した【家族葬】という言葉がメディアに取り上げられ、瞬く間に市民権を得ていきました。

もちろん、それ以前からも『家族だけでひっそり行う葬儀』というものはありましたがそれらは【密葬《みっそう》】と呼ばれていました。密葬という言葉の響きはどこか意味ありげで、声を大にして言えるものではありません。反して全く同じサービスが【家族葬】という心地良い造語で広められた途端、ユーザーは待っていましたとばかりに飛び付きました。つまり言葉による価値観の逆転現象が起きたのです。

その後【家族葬】ブームを更に後押ししたのは日本の急激な長寿命化です。

私がこの業界に入った20年前は、亡くなる方を送り出す喪主の多くは現役（50代後半）でした。人生の中で一番社会的地位も高く、付き合いも多く、そしてお金も出せる世代です。それに比べて現在は喪主の多くが既に引退（定年退職）されていますから、喪主関係の参列者はいなくなる上に、故人の直接の関係者も超高齢です。参列不可能な方が増え、必然的に、（極端なことを言えば望まなくとも）【家族葬】になってしまったのです。

そして三つ目が平成の終わりに起こった葬儀業界にとっての最大のパラダイムシフト。

【葬儀ポータルサイト】の台頭です。

本書執筆時点（２０１９年現在）では、ポータルサイトの受注数は全体の１割に満たないのですが、私はこれが第三のパラダイムシフトの始まりと捉えています。

この三つ目の衝撃が大きかった理由は、インターネットという世界を利用し、恐ろしい勢いで葬儀の低価格化を推し進めたからなのです。この余波は我々葬儀業界だけでなく、仏教の世界へも波及し、脈々と続いていた葬儀の常識もしきたりも吹き飛ばさん勢いで今も躍進を続けています。

過去、葬儀業界に従事する我々の感覚は『非常に地域性のあるビジネスで、他地域・異業種からの参入は困難』といったものが根強くありました。それは地域に根付く風習やしきたり、お寺との付き合いなどがあるという前提での話です。

『インターネットで調べることが当たり前』な今、常識はインターネットの中にあります。

電化製品を購入する前にまず価格ドットコムなどで相場を見ませんか？　ホテルを取る時には、ブッキングドットコム、食事をしたければ食べログやぐるなび、美容院ならホットペッパービューティーなどなど。利用したい業種が集まるポータルサイトに地域と価格、条件をいくつか入れれば必要な情報がすぐに手元に届きます。

こんなポータルサイトが葬儀業界にも登場したのです。

全国の葬儀社が多数登録している葬儀ポータルサイトは、もの凄い勢いでその受注数を伸ばしています。


現在、我々が大手ポータルサイトと捉えているのが、『小さなお葬式』『イオンのお葬式』『よりそうのお葬式』『いい葬儀』（順不同）の4社で、推定で現在日本のお葬式件数の10％弱を獲得していると言われています（※自社独自調査により算出）。

更に現役東大生が在学中に起業しＤＭＭが10億円で買収（資本提携）した『終活ねっと』という葬儀ポータルサイトも話題になっています。


まえがきでも少し触れましたが、日本人は身近な人の『死』に関する話題を避けます。我々業者がどんなに口を酸っぱくして「ご葬儀は事前相談が大事ですよ」と言ったところで相談者の数は増えませんし、死期が近づけば近づくほどなおさら葬儀の話は『不謹慎』なものとみなされて遠ざけられます。

そして、いざ家族が亡くなると悲しみとパニックでどうにもならなくなる方も多いのです。

数年前まではその場で葬儀社を『簡単に』調べる手段がありませんでした。

多くの人が、家族・親戚、もしかしたらご近所の人に相談し、どこの葬儀屋さんが良いか確認したのだと思います。また病院によっては提携している葬儀社があり、「決めている葬儀社がなければ、この中から選んで依頼してください」と『近隣葬儀社の一覧表』を手渡されます。

しかし今、私達のまわりには簡単にインターネットにつながる環境があります。目の前にスマホがあったら、ほとんどの人がすぐに葬儀社のことを調べるでしょう。一社一社に連絡しなくても自分の状況にピッタリ合った葬儀社を紹介してくれるサービスがあったら？　それも非常にシンプルな価格で。

葬儀ポータルサイトの出現は現在のインターネット＋スマホの時代にあって「必然」と言って差し支えない流れだったのです。

簡潔に整理しますと、

①葬儀のことはその時が来るまで調べない方が大多数。

②比較サイトで検索することがもはや当たり前の時代、簡単にインターネットで調べられることと、そのためのツールが手元にある。

③葬儀ポータルサイトを運営する会社は、リスティング広告やSEO対策を駆使し、検索順位上位に表示されることに注力している。

④関係者の少なさから、調べたことに異議を唱えてくれる人もなく、正誤も判断できない。

⑤検索上位に出てきたわかりやすくてお値打ちなところを「ポチッ」としてしまう。

だいたいこんな流れで多くの方が葬儀ポータルサイトに依頼してしまうのでしょう。

誤解のないように申し上げておきますが、「それが悪い」とは思っていません。今の世

の中、消費者にとってはごく当たり前の消費行動です。私だって、何か物を買う時はほとんどアマゾンですから（笑）

平成の終わりに起こった葬儀業界のパラダイムシフト『葬儀ポータルサイトの台頭』。それは、我々業界人からすれば『大革命（大事件）』ですが、エンドユーザーからすれば時代の流れによって起こった『当たり前の流れ』であり、その他の業態を鑑みても『普通に起こりうる事象』だったのです。

葬儀はなぜ高い…年中無休・24時間体制の葬儀業界

インターネットの葬儀ポータルサイトを始め、多くのメディアが「葬儀は高い」「葬儀屋は儲けすぎ」などとはやし立て、『葬儀を適正価格に』と聞こえの良いキャッチコピーを並べています。

現在の葬儀費用の相場は、葬儀社に支払う費用だけでだいたい100万〜150万円くらいです。葬儀ポータルサイトなどで出てくる最低価格の【直送《ちょくそう》プラン（15万円前後）】を見て『価格差』だけで驚き、これまでの葬儀価格はボッタクリだと思われる方もいるでしょう。

いやいや、ちょっと待ってください。

まず最安値の直送プランがどのような内容であるかご存知ですか？

仏衣《ぶつい》とお棺と骨壺《こつつぼ》、安置室と搬送用寝台車など、ご遺体を安置して火葬するだけのコースです。

契約によっては仏衣への着替えもなしでご遺体は着の身着のまま、お着替えはご遺族でよろしくという業者もあります。その上、火葬料金や追加の安置料金は別途のところが多いのがお値打ち料金の現実です。

【火葬式《かそうしき》】という名前のところもありますが、これも狭い安置室でお坊さんにお経を読んでいただくだけで、ちゃんとした会場を用意して『通夜・告別式』という葬儀をするわけではありません。そしてお坊さんへのお布施や生花や仏具、ご遺影も大抵は『別料金』です。

まず葬儀社の費用は大きく分けて3種類の項目から構成されています。

①葬儀プラン費用（祭壇セット料金などとも言われます）
②付帯費用（主に食事・返礼品・バスやタクシー料金など）
③必須別途費用（プランやセットには含まれていないが、必ず必要なもの。例：火葬料・

会館利用料・サービス料など）

直送プランというのは主に③だけの必要最低限の値段なのです。

もし葬儀を望むのであれば、①の葬儀プランが必要になります。祭壇や生花飾り、司会進行などがセットになった代金で、これが一般的には最低でも30万円程度は必要です。

そして葬儀価格が『思っていた以上に』膨らみやすい一番の理由が②付帯費用（主に食事・返礼品・バスやタクシー料金など）です。

葬儀には、家族だけでなく親戚も集まります。田舎の地域だと親戚関係だけで数十人集まることも決して珍しくありません。その参列者には『食事』を振る舞います。この食事代、地域差はあると思いますが、おおむね一人当たり５０００～８０００円程度はかかると思ってください（通夜1食・葬儀で昼・夜の2食が必要な場合が多いため）。

法宴用の会席であることを考えればそれほど高額ではないと思いますが、仮に間を取って７０００円だとしましょう。参列者が20人で14万円です。40人なら28万円です。

これ以外に、参列していただいた方にお渡しするお礼（会葬御礼）の品も、通夜・葬儀合わせて一人１５００円程度は必要と言われます。これも40人なら６万円。先ほどの食事と合わせれば34万円です。

火葬場まで同行する親族の共車（マイクロバスなど）が４万〜５万円で細々としたものを足していくと、付帯費用だけで50万円くらいは普通に必要と考えておくべきでしょう。

身よりがなかったり、何らかの事情で式は不要という方は直送プランという選択肢もあると思います。

問題なのは、最安値につられて葬儀社を選んだものの、通夜・告別式などこれまで通りの葬儀を望んだために、結果的に100万円以上かかってしまった。

通夜葬儀プランの費用で比較すればもっと安く良いところがあったと後からわかる。

他にも先祖代々付き合いのあったお寺とトラブルになってしまった。

そして最安値で終わらせてしまったことを『後悔する（ちゃんと送ってあげられなかった）』など。

まさに「こんなはずではなかった……！」となるのです。

今時、本当に不透明で不明瞭な会計をしている葬儀社は稀です。事前相談に行けばほとんどの会社は私が説明したような内容を懇切丁寧に説明して見積もりを提示してくれますが……、それでもネットで叩かれてしまう理由が我々葬儀業界にあるとすれば、それは価格の『わかりにくさ』にあるだろうと思います。

例えば、車を買うとしましょう。オプションでよく勧められるのが『バイザー、フロアマット、カーナビ』などでしょうか。どれも、必要かどうか、だいたいそれがいくらくらいの物なのか、仮に知識がなくとも調べればすぐわかると思います。

しかし、お葬式で「お客様のお式は塔婆《とうば》が必要です。位牌《いはい》は大小2本必要です。神道であれば真榊《まさかき》が○本必要で、銘旗《めいき》も必要ですので、ご用意いたしますね」と言われたら、「?-?-?」でしょう?

それって本当に必要？　単品だといくら？　数は適切？
「仏式で（神式で）行いたい」と望まれれば、葬儀社としては揃えるのが当たり前のものであっても、利用する側にとっては全く意味がわからないものが多い上に、日本全国全ての葬儀社が独自にサービス内容と価格を設定していることで、よりわかりにくくなってしまうのです。

私は①葬儀プラン費用（祭壇セット料金）、②付帯費用、③必須別途費用の三つに分けて説明しましたが、葬儀社によってはもっと細分化されていたり、逆に全てがセット料金に含まれていたりします。

過去に自社プランの改定に際して、市場調査を兼ね、近隣の葬儀社に私服で、さも一般人のフリをして見積もりを取りに回ったことがあります。5〜6社の見積もりを取って比較・研究をしたのですが…。

結果は「よくわからん」です（笑）。

20年やってきたプロがわからないのですから皆様のような一般の方がわかるわけがないのです。このわかりにくさの近似例としては…、携帯電話の料金プランですかね（笑）

ただ、葬儀社の肩を持って弁明しますと、悪意を持ってわかりにくくしているわけではありません。その証拠に、各社その見積もりについてスタッフから丁寧な説明を受けており、ほとんどの会社が非常に明瞭会計で、誤魔化しもなく、受けた説明も見積書にも不明点はないからです（ぶっちゃけ、一社だけ何を言っているのか良くわからない上に、他社に比べてあり得ない高額になった会社がありました。どことは言えませんが、テレビＣＭもばんばん流しているそこそこの規模の葬儀社さんです）。

しかし、いざそれら（各社の見積もり）を比較しようとしてみると、そもそもの基準が違いすぎて一概に比較できないのです。

もう一つ、一般的な小売業やサービス業と比較すると、葬儀業界の儲け（粗利率）が非常に高いことについて一言言わせていただきたいと思います。

一部の都市部を除いて、現在の葬儀はほとんどが自社の葬儀会館で行われます。何億円も投資して建てた葬儀会館は、その維持費も安くはありません。毎日毎日葬儀があるわけではなく、空いているからと言って別の用途（商売）にも使えません。

そして葬儀社はどこもそうですが、24時間365日の営業体制です。この『働き方改革』が叫ばれる時代においてもこの体制は維持せざるを得ません。コンビニの夜間無人化が議論されても葬儀社の夜間無人化は不可能です。理由は人が亡くなる時間をコントロールできないからです。

その結果として人件費や会館の費用を価格に転嫁せざるを得ないのです。

お坊さん便で派遣されるお坊さん

この『葬儀ポータルサイトの台頭』によって我々葬儀業界以上の大打撃を受けているのはお寺でしょう。理由はお布施の額や理由があまりにも不透明だから…、と言ったら怒られるかもしれませんが、実際のところ私達葬儀業者ですら「この地域の○○宗はだいたいこれくらいだと聞いてますよ」程度のことしか言えない、明確な基準がわからない。それがお布施なのです。

そもそもお布施というのは元来『もったいないと思う心・むさぼる心・おしいなと思う心・恩にきせるような心を持つことがないように、人に施しを与える仏教の修行法の一つ』でした。

そこから発展して、仏教徒である『自分』が信仰するお寺を支える（檀那寺《だんなでら》を檀家が支える）ために、日常的にお布施を納めるという関係性がかつての日本にありました（コラム95ページ参照）。

お布施は葬儀の時だけではなく、様々な機会に納めるもので、その金額についてはお寺と檀家ごとのお付き合いの深さやその家の資産などによって決まる非常にプライベートなものだったのです（お金持ちだったら多めに、そうでない家はそれなりの金額で…など）。だから誰も口に出すことなく、必要な時に必要な金額を納めていた…という感覚でした。

そう、かつては…。

でも今「私は仏教徒だ」と断言できる人はどれほどいるでしょう。せいぜい言ったとしても「実家は仏教の〇〇宗だ」くらいじゃないでしょうか。それどころか、いざお葬式をしなければならないという時になって、「うちの宗派は何だった？」と実家や親戚に電話する人達だっていっぱいいます。

仏教に接するのはお葬式の時だけという人が大多数になってしまった現代においては、

『お布施は読経・戒名に対する対価だ』という考えの方が一般的なのです。

サービスに対する対価であるとなれば、葬儀価格と同様、インターネットによる価格破壊の波が押し寄せてくるのも必然的な流れとなります。

その結果、『お坊さん便』に代表される『お葬式の時だけお経を読んでくれるお坊さん』派遣サービスまで出現しました。

直葬を「皆さん利用しているから大丈夫」と推し進め、お経が必要なら「適正価格でお坊さんを派遣しますよ」とお膳立てをされたら…、直前まで葬儀のことを何も調べてない人達の何割かは、そのサービスを受け入れてしまうでしょう。

サービスは必要だから生まれるのだし、実際利用する人が増えているということは、それが時代のニーズに合っているからだとは思います。

しかし、本当にお葬式の本質を考えた時、それで片付けてしまって良いのでしょうか。私がこの世に生を受けてからでも、昭和・平成・令和と時代が変わってきました。新しいものがどんどん世に生まれ、人々の生活スタイルは変わり、価値観が変わり、そして宗教観も変わってきました。

そんな世の中のことを、『お葬式』という目線から少し調べてみたいと思ったのです。

【コラム①】お葬式のよくある疑問

Q、一般葬は参列する人が多いから高額で、参列人数の少ない家族葬の方が安いよね？

A、これは、半分正解で半分不正解です。

よほど大掛かりな葬儀でもない限り、会館利用料や祭壇等の費用については一般葬でも家族葬でもそこまで大きな差はありません。なぜなら、葬儀で使う消耗品・備品・スペース・そして人件費は一般葬でも家族葬でもほとんど変わらないからです。わかりやすく言うと、「家族葬だから棺は要《い》りません」なんてことはないということです。

お坊さんも『家族葬だから手を抜く』ということもありませんので、お布施の金額も原則的には一緒です。

違うのは付帯費用（食事・返礼品・バスやタクシー料金など）ですが、実はこれらの多くはいただく香典と相殺になる場合がほとんどです。ですから参列人数の少ない家族葬になったから費用は安くなるとは言い難いのです。

※お香典を辞退される場合は、やはり一般葬の方が実質負担は増える傾向です。

※逆に家族葬の場合、一般葬であればたくさん頂戴する『お供え物』が少なくなるため、自己負担で供花《きょうか》や供物《くもつ》のオプションを追加する人が多く、結果として金額が上昇することもあります。

Q、一般葬は参列する人が多いから面倒なことが多いんでしょ？

A、これも、半分正解で半分不正解です。

通夜と葬儀の当日はたしかに忙しいです。でも逆に言うと忙しいのは当日だけなのです。

少し視点を変えて参列者側から家族葬というものを見てみましょう。『非常に縁の深い人が亡くなったが家族葬ということで参列できなかった』ということは『葬儀に参列できなかった＝お別れができず自分の中でも世間の中でもけじめ（区切り）がつかない』という宙ぶらりんの状態なんですね。

けじめの付け方として残っているのはご自宅に伺ってお線香をあげさせていただくという選択肢だけ。訪問期間は『四十九日までが一般的。訪問時間についてはご遺族の予定を伺う』となっていることから、お別れをしたい人はご遺族にすぐに連絡することになります。

これが一人二人ならともかく、何十人となったら、それこそご遺族は休む間もなくなります。

ご高齢になって社会的なつながりが少なくなった方であれば家族葬で問題ありませんが、現役で社会で活動し、たくさんの人とつながりが深い方は、一般葬を執り行う方がご遺族にとっても参列者にとってもメリットは大きいのです。

Q、香典はもらった方がいいの？　もらわない方がいいの？

A、どちらも半分正解で半分不正解です。

最近の傾向として、香典をいただかない葬儀が増えています。

理由の一つはお金の計算や返礼品・香典返しが大変だからです。

もう一つの理由は、関係者に金銭的負担をかけたくないという配慮でしょう。

地域にもよりますが、香典返しには主に2種類のやり方があります。

後日香典返しを送るという【後返し】と言われる方法と、香典をいただいたその場である程度の品を渡して、香典返しをその場で終わらせてしまう【即返し】という方法があります。

どちらの方法を選んでも、受付とその後の対応に非常に手間がかかります（お金を誰からいくらもらって総額がいくらで、誰に何をお返しするのかリスト化して計算…など）。

お香典だけならよいのですが、お香典と共に高価な供物や供花をいただいたらどうすればいいのかなど、様々なパターンが出てくる場合もあります。

だったら香典は受け取らない、その代わり当日に簡単な会葬御礼品だけを全員に渡して香典返しもしない方がスッキリするというわけです。

　余談ですが、『香典の即返しなら面倒がない』というのは、商品を売る（売り上げアップ）ための葬儀社のセールストークです。

　香典金額の高い人にはやはり別対応が必要となるため、最終的な手間はほとんど変わりません。

　ただ下世話なお話ですが、ある程度の規模の一般葬になると、香典で葬儀代の何割かが賄《まかな》えてしまう場合もあります。香典にはもともと相互扶助の考えもありますから、香典で葬儀費用を賄うことに何の問題もないのです。

　そして、今までお世話になった方からすると「お香典を出したい」という方も勿論大勢いるでしょう。香典辞退をするということは、そういった方の気持ちを無下にしてしまうということでもあります。

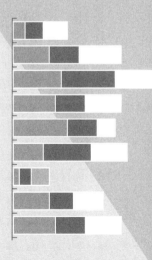

第3章

アンケートを取ってみました！

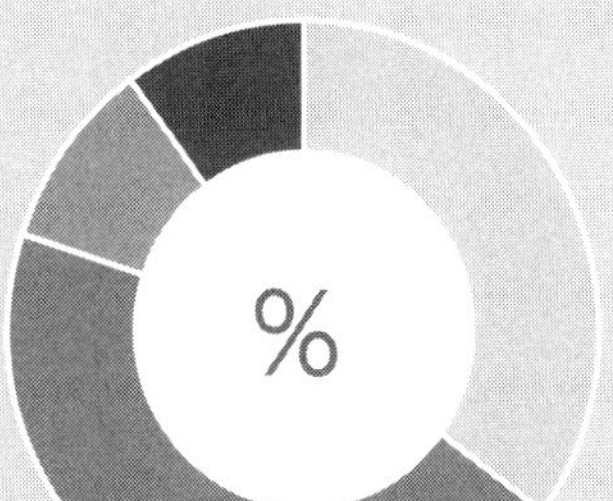

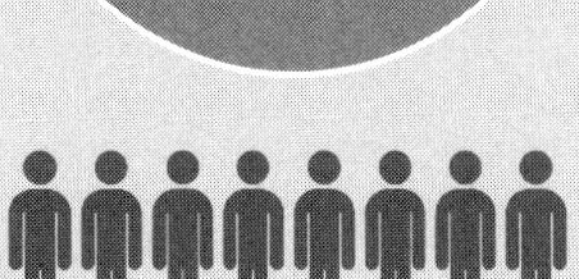

アンケートの対象者について

どんな業界でも少なからずそういった部分があるとは思いますが、特に私達葬儀業界の中にいる人間は『井の中の蛙』になりがちです。

そういう自戒の意味も込めて、調査会社に依頼して、一般の方にアンケートを取ってみました。

対象者は愛知県内の50代から80代までの男女416人（男女半々）です。年齢の内訳や職業、個人年収については左の表の通りです。

無職と専業主婦（主夫）とパート・アルバイトを合わせると約67％で、個人年収の400万円未満は66％とほぼ同じ割合です。これらの方々は現役を引退した年金世帯であろうと思われます。

■アンケート対象者の内訳（416人）

名古屋市に在住（50%：208人）

男性50-60代 （12.5%：52人）	女性50-60代 （12.5%：52人）	男性70-80代 （12.5%：52人）	女性70-80代 （12.5%：52人）

名古屋市以外に在住（50%：208人）

男性50-60代 （12.5%：52人）	女性50-60代 （12.5%：52人）	男性70-80代 （12.5%：52人）	女性70-80代 （12.5%：52人）

■個人年収（416人）

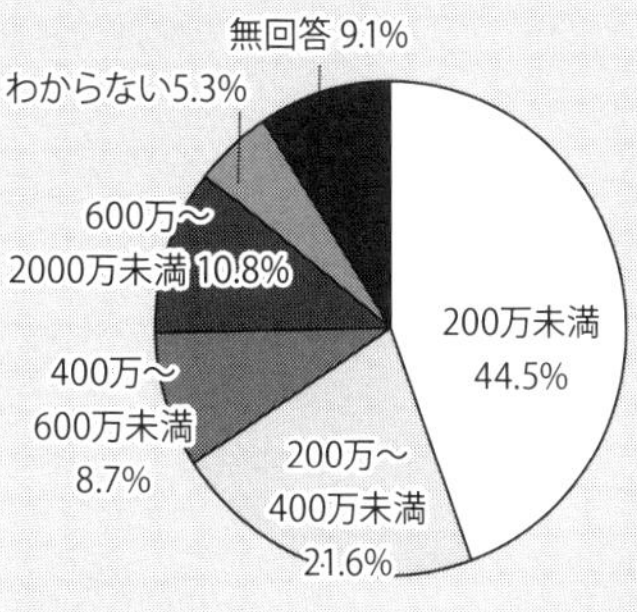
無回答 9.1%
わからない5.3%
600万～
2000万未満 10.8%
400万～
600万未満
8.7%
200万～
400万未満
21.6%
200万未満
44.5%

■職業（416人）

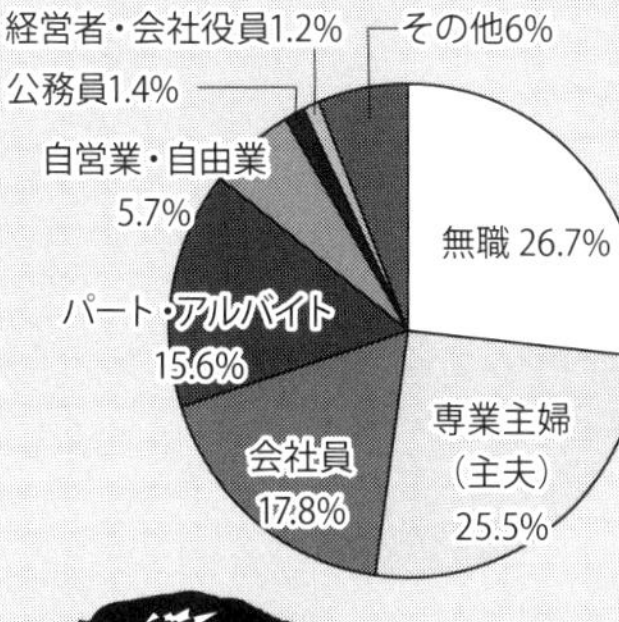
経営者・会社役員1.2%
その他6%
公務員1.4%
自営業・自由業
5.7%
無職 26.7%
パート・アルバイト
15.6%
会社員
17.8%
専業主婦
（主夫）
25.5%

今回のアンケート調査対象者の内訳です

お葬式参列と喪主の経験

この年齢層になると9割以上の人が葬儀に参列したことがあり、4割近い方が実際に喪主を経験していました(アンケート01)。

喪主の配偶者などを含めると、多分、半数以上が葬儀の主宰者側を経験しているであろうと考えられます。

アンケート01 あなたはこれまでに、葬儀に参列したことがありますか? また、喪主を務めたことはありますか?(416人)

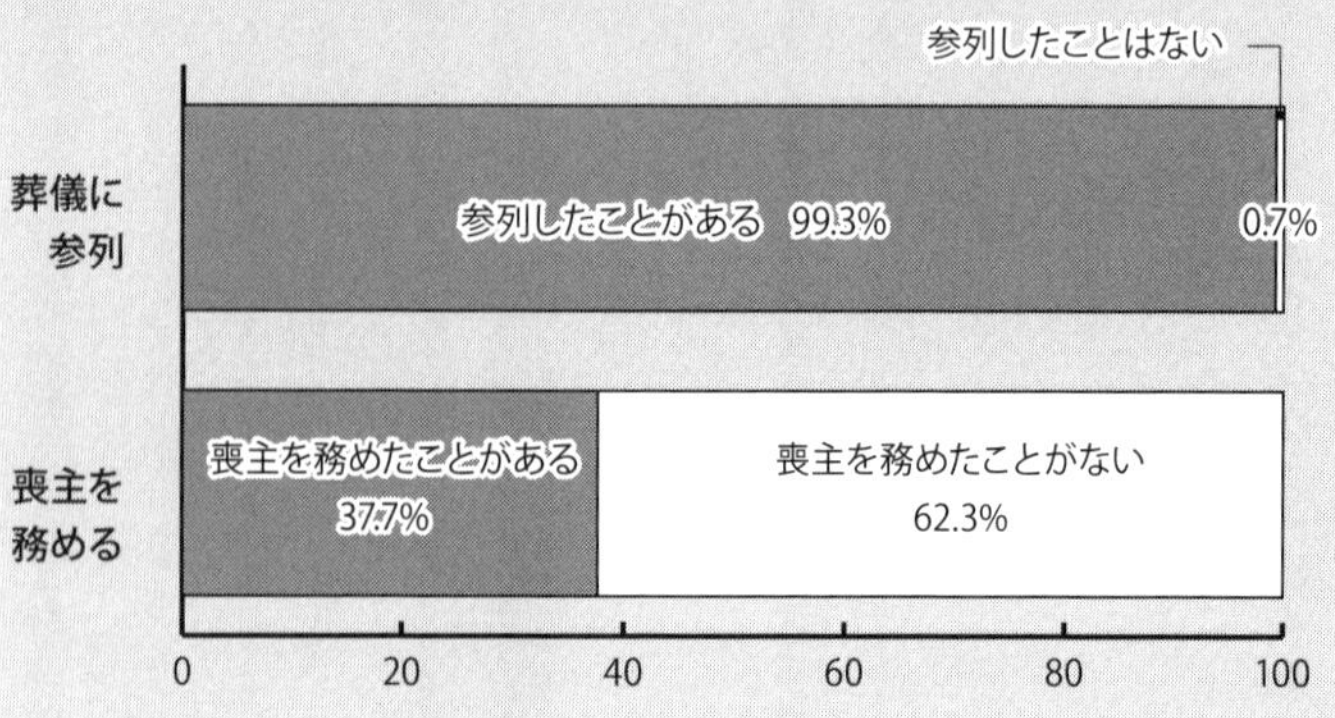
参列したことはない
葬儀に参列
参列したことがある 99.3%
0.7%
喪主を務める
喪主を務めたことがある 37.7%
喪主を務めたことがない 62.3%
0
20
40
60
80
100

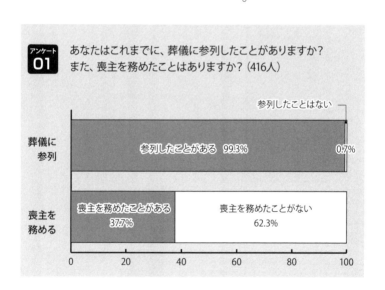

葬儀費用と葬儀への不満

やはり多くの方にとって一番興味があるのは『費用』のことでしょう。
まずは葬儀費用についてどのくらいの知識があるのか、これまでの葬儀に対してどんな不満を持っているのか、もう一度葬儀をするならどのくらいの費用をかけたいかを伺いました。
※ちなみに、愛知県を含む中部地区の葬儀費用一式の平均は150万円で、寺院費用の平均は65.9万円だと言われています。
（出典と地区詳細は下記参照）

アンケート02　あなたは、葬儀１回につき、総額で平均いくらくらいの費用がかかると思いますか？（416人）

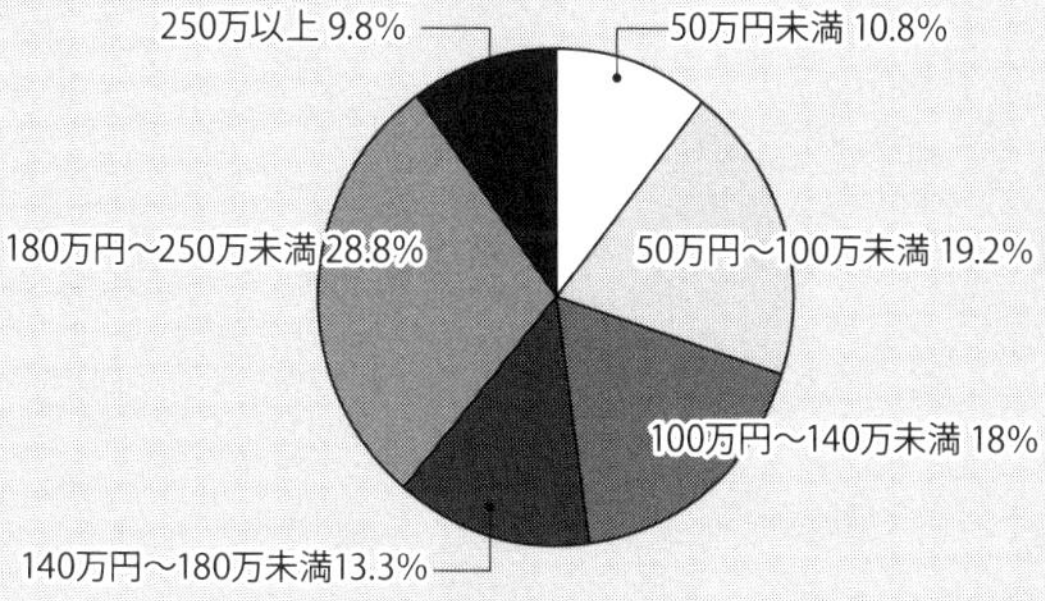
250万以上 9.8%
50万円未満 10.8%
180万円〜250万未満 28.8%
50万円〜100万未満 19.2%
100万円〜140万未満 18%
140万円〜180万未満13.3%

出典：一般財団法人 日本消費者協会 2017年１月　第11回「葬儀についてのアンケート調査」
中部地区は山梨県・長野県・岐阜県・静岡県・愛知県

アンケート 03

これまでに参列した葬儀に何か不満はありましたか？　当てはまるものを全てお選びください（**参列者の不満**）（413人）。

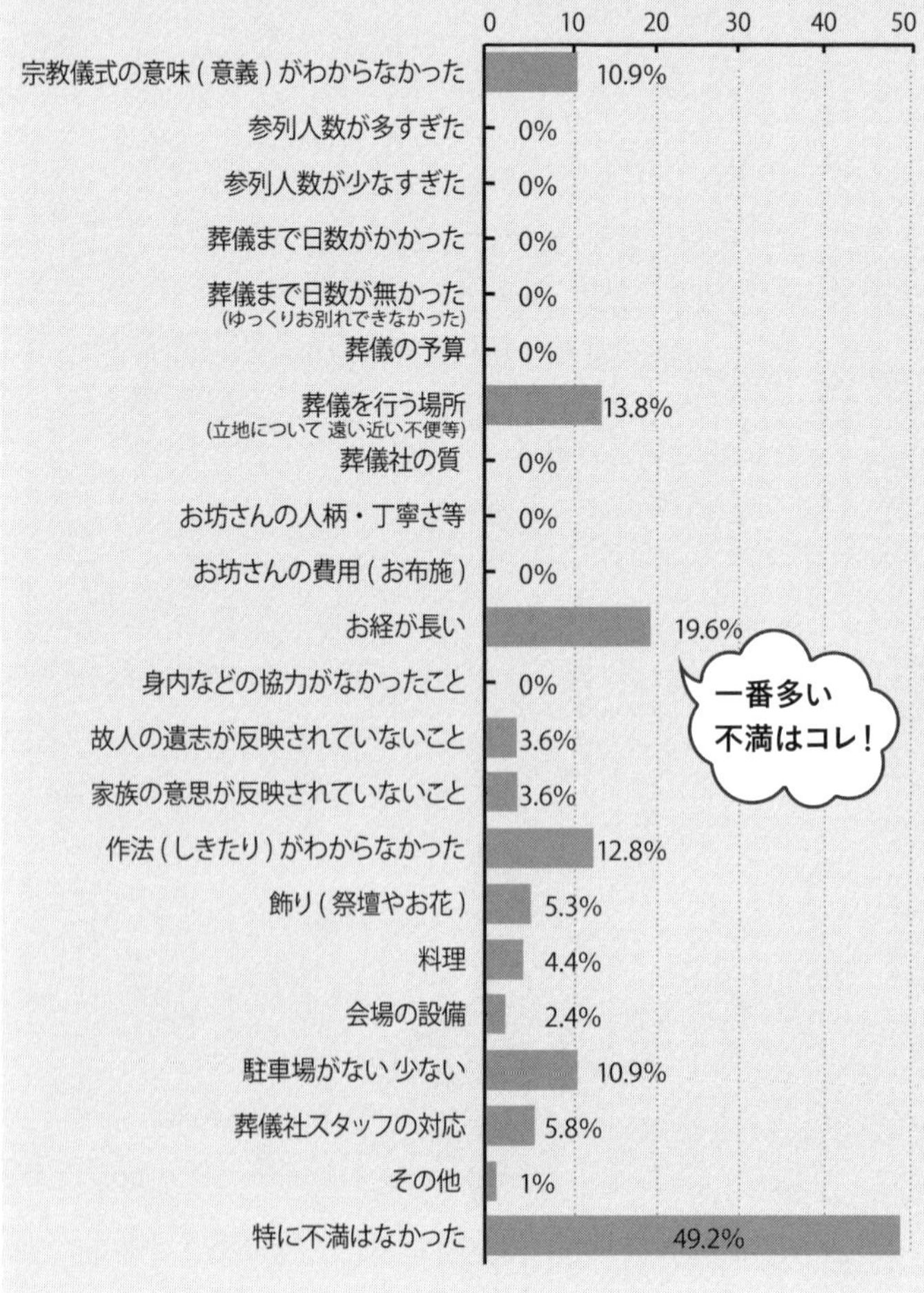
0
10
20
30
40
50
宗教儀式の意味（意義）がわからなかった 10.9%
参列人数が多すぎた 0%
参列人数が少なすぎた 0%
葬儀まで日数がかかった 0%
葬儀まで日数が無かった（ゆっくりお別れできなかった） 0%
葬儀の予算 0%
葬儀を行う場所（立地について 遠い近い不便等） 13.8%
葬儀社の質 0%
お坊さんの人柄・丁寧さ等 0%
お坊さんの費用（お布施） 0%
お経が長い 19.6%
身内などの協力がなかったこと 0%
故人の遺志が反映されていないこと 3.6%
家族の意思が反映されていないこと 3.6%
作法（しきたり）がわからなかった 12.8%
飾り（祭壇やお花） 5.3%
料理 4.4%
会場の設備 2.4%
駐車場がない 少ない 10.9%
葬儀社スタッフの対応 5.8%
その他 1%
特に不満はなかった 49.2%
一番多い不満はコレ！

アンケート **04**

これまでに喪主として執り行った葬儀に何か不満はありましたか？　当てはまるものを全てお選びください（**喪主の不満**）（157人）。

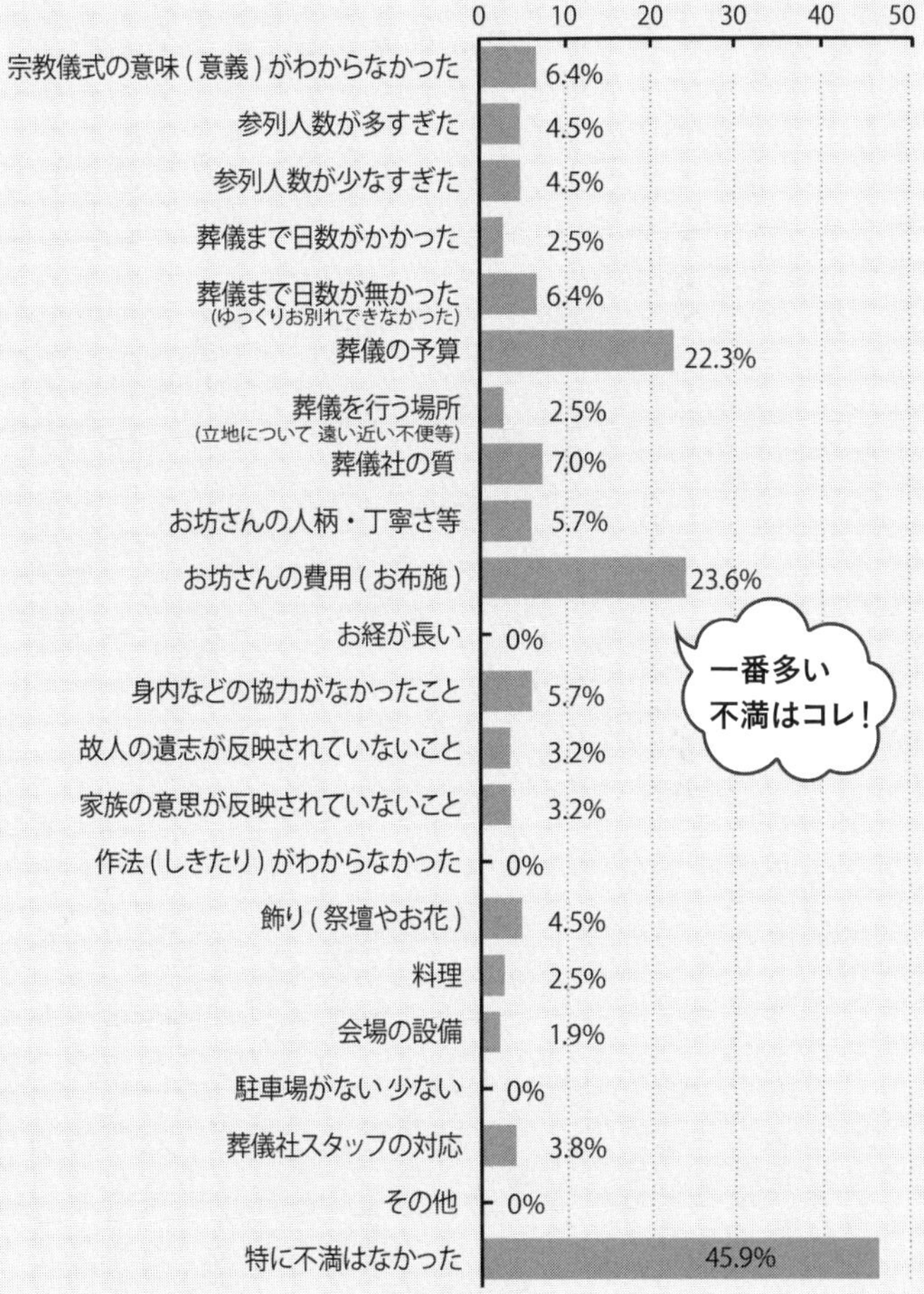
0
10
20
30
40
50
宗教儀式の意味（意義）がわからなかった 6.4%
参列人数が多すぎた 4.5%
参列人数が少なすぎた 4.5%
葬儀まで日数がかかった 2.5%
葬儀まで日数が無かった（ゆっくりお別れできなかった） 6.4%
葬儀の予算 22.3%
葬儀を行う場所（立地について 遠い近い不便等） 2.5%
葬儀社の質 7.0%
お坊さんの人柄・丁寧さ等 5.7%
お坊さんの費用（お布施） 23.6%
お経が長い 0%
身内などの協力がなかったこと 5.7%
故人の遺志が反映されていないこと 3.2%
家族の意思が反映されていないこと 3.2%
作法（しきたり）がわからなかった 0%
飾り（祭壇やお花） 4.5%
料理 2.5%
会場の設備 1.9%
駐車場がない 少ない 0%
葬儀社スタッフの対応 3.8%
その他 0%
特に不満はなかった 45.9%
一番多い
不満はコレ！

アンケート 05 もう一度喪主として家族のご葬儀をするのなら、どのくらいの費用をかけて行いたいですか？（416人）

アンケート 06 ご自身のご葬儀なら、どのくらいの費用をかけたいと思いますか？（416人）

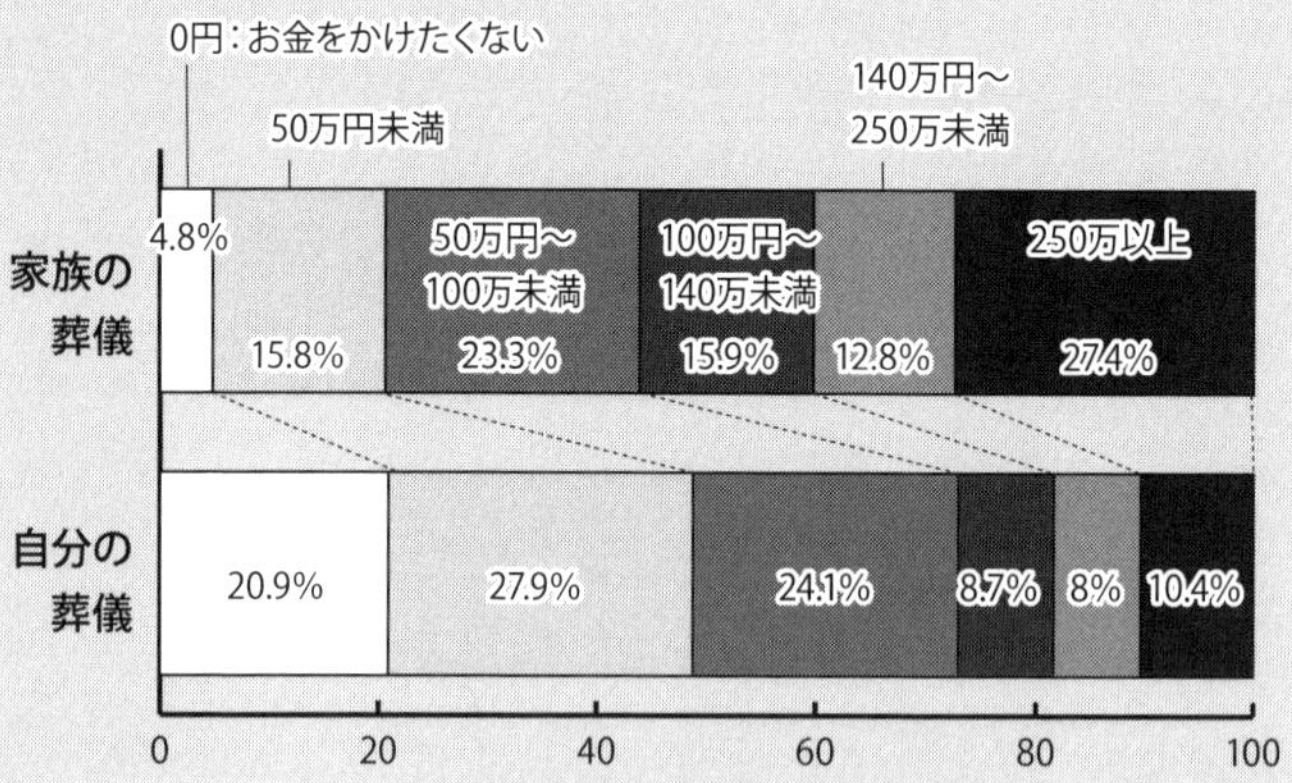

近年の家族葬の増加や、葬儀ポータルサイトの台頭によって、葬儀の低価格化が叫ばれています。アンケート04によると、実際に喪主をした人（157人）に限って言えば22％の人が葬儀費用に不満を持ち、約24％がお布施に対して不満を持っています（その一方で全体の約50％の人は葬儀に対して全く不満を持っていないと答えていますが…）。

アンケート05でも、もう一度葬儀をするなら50万円未満が良いと考える方が約20％いらっしゃいます。

現実的に考えて30万円以下で対応できるのは現在では直葬プランしかないと言って良いでしょう。『式場じゃなくても良い。とにかく安く』とは言いつつも安置所にお坊さんを呼んでお経を上げていただき、お布施とささやかな生花、その後の親族での食事や交通費（10人以下）などを合わせていくと、だいたい50万円くらいにはなってしまいます。

しかしアンケート05の結果から見るに、大多数の方がむやみやたらに安くしろとは思っていないのです。

残りの約80％の方は50万円以上で250万円くらいまでかかると考えています。経済的な事情もありますので現実的にその金額をポンと支払えるかという点は置いておいて、多くの方々が『家族が亡くなったらそれくらいの葬儀をしてあげたい』という価値観を持っているということです。

あくまで私の考えですが、その真意は『納得できる送り方をしてあげたい』からだと思っています。

人には『命の重さに見合った送り方をしたい』というが考えがあります。

命の重さは言い換えれば、亡くなった人に対する愛情です。自分の命を引き換えにしても惜しくないほどの人、例えば、あなたの愛する家族が亡くなった時に「お金がもったいないから直葬にしましょう」と言われたら、怒りと悲しみでいっぱいになりませんか？

自分自身の葬儀費用に対しては、極端に安くしていきたいと望む人達が一定数いる一方で、家族の葬儀に対してそれなりの費用（アンケート05では100万円以上の方が56.1％）をかけたいと思っており、その中でも250万円以上かけたい人々が最多という結果が出ています。

『家電を安く買いたい、得したい』と『お葬式を安く済ませたい』という気持ちは似て非なるものだとおわかりいただけたでしょうか。

直葬を選んだ人の中にも、経済的にそれしか選べなかったという方もいらっしゃいます。

仮に『葬儀は200万円以上かかるのが当たり前』と思っている方が、もし何らかの事情で30万円で葬儀を終わらせたとしたら「安く済んで良かった」と喜ぶのではなく、「ちゃんと送ってあげられなかった」と後悔するのです。

またご家族のための費用とご自身の費用に開きがあるのは、残された家族に対して金銭的な負担をかけたくないという考えの表れであるかと思います。

お葬式の形式について

「お葬式をどの形式で行いたいか」に関してのアンケートです。従来通りの仏式の葬儀を望む方が約68％、どちらでもないという人（こういう方は大抵仏式を選びます）を含めると約87％の方が仏式を支持していると考えられます。

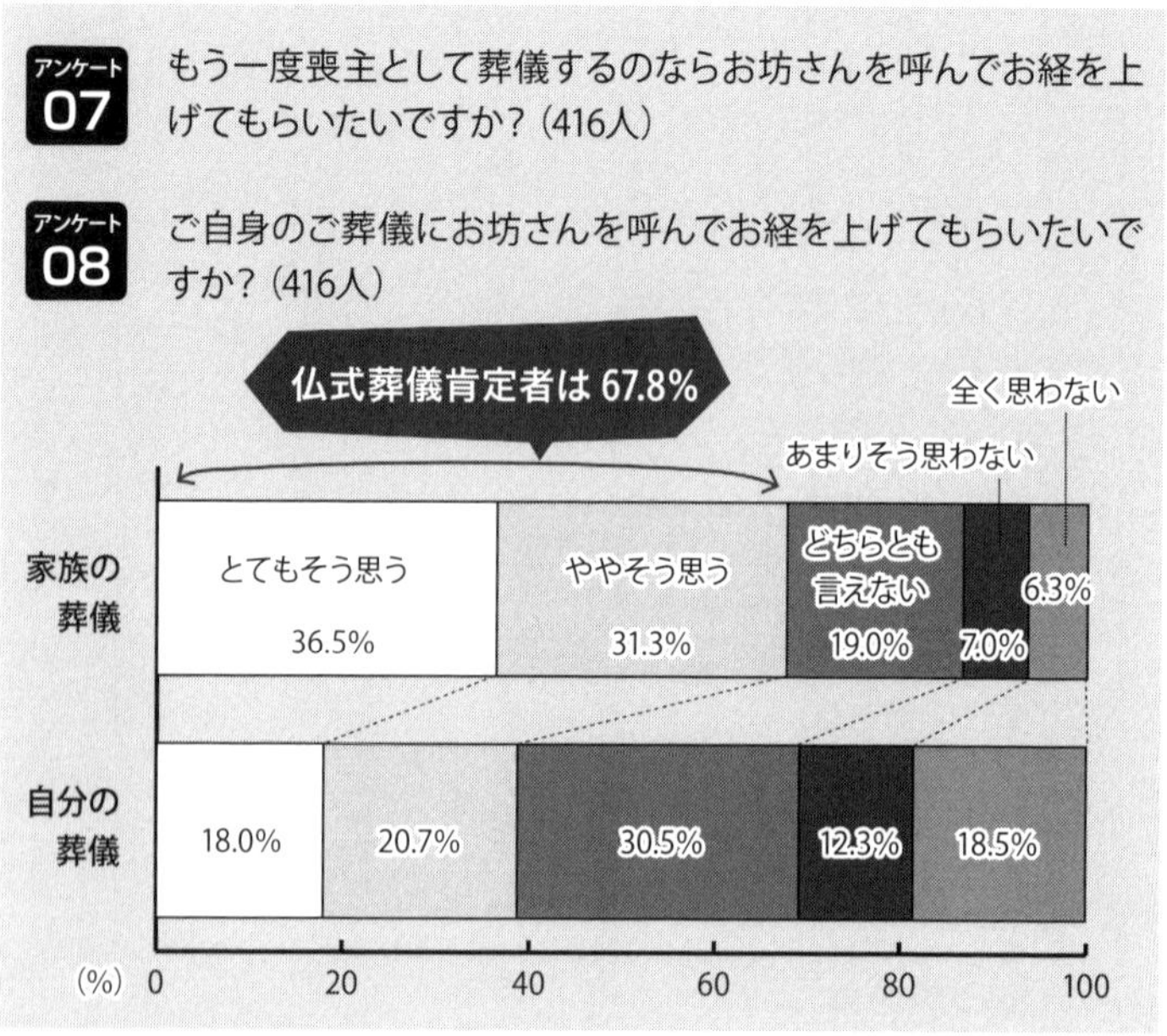
アンケート 07
もう一度喪主として葬儀するのならお坊さんを呼んでお経を上げてもらいたいですか？（416人）
アンケート 08
ご自身のご葬儀にお坊さんを呼んでお経を上げてもらいたいですか？（416人）
仏式葬儀肯定者は 67.8%
全く思わない
あまりそう思わない
家族の葬儀
とてもそう思う
36.5%
ややそう思う
31.3%
どちらとも言えない
19.0%
7.0%
6.3%
自分の葬儀
18.0%
20.7%
30.5%
12.3%
18.5%
(%) 0 20 40 60 80 100

で、これからが本番です。

実は私は以前から皆さんが『本当に、様々なことを、きちんと知った』上で仏式を選んでいるのかが疑問でした。

まず第一にお客様の実態を知りたかった。だからこのアンケートを行いました。

しかし、実は隠された目的がもう一つありました。

それは、このアンケートを通じてお葬式に関する様々な知識を知っていただき、ほんの少しでもいいからお客様の不安を事前に取り除くこと。

繰り返しになりますが、葬儀の事前相談は非常に少ないため、お客様にお伝えできない情報がたくさんあります。今回はそれをお伝えするチャンスだったのです。

少ないながらも厳選した情報を、皆さんも一緒にご覧ください。

あなたは、葬儀・供養に関する以下のことについて、ご存じでしたか？

□知っている　□なんとなく知っている　■知らない　（416人）

アンケート 09

葬儀には、必ずしもお坊さんを呼ぶ必要はなく、【無宗教形式・お別れ会形式】といった形式がある

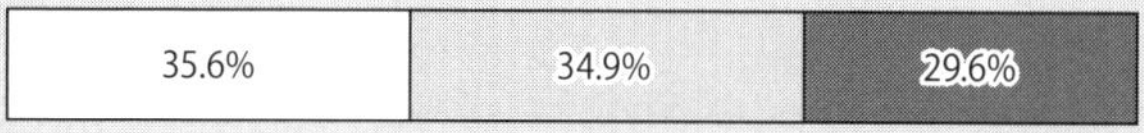
35.6%
34.9%
29.6%

アンケート 10

葬儀社の代金にお坊さんのお礼(お布施)は含まれない

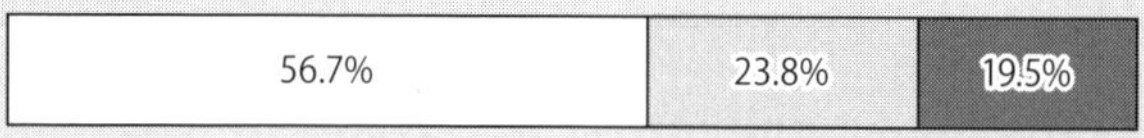
56.7%
23.8%
19.5%

アンケート 11

お坊さんのお布施（葬儀のお礼）は地域・宗派によって異なるが、一般的に40~50万円程度かかるものと言われる

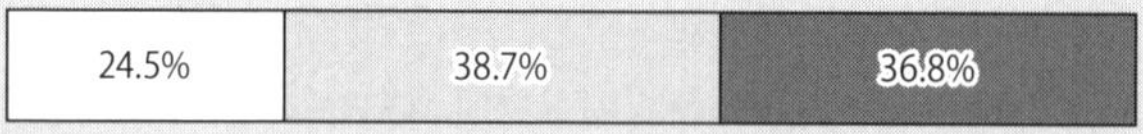
24.5%
38.7%
36.8%

アンケート 12

葬儀を仏式(お坊さんにお経を読んでもらう)にすると、一般的にはその後のお付き合いも発生する(檀家になる)

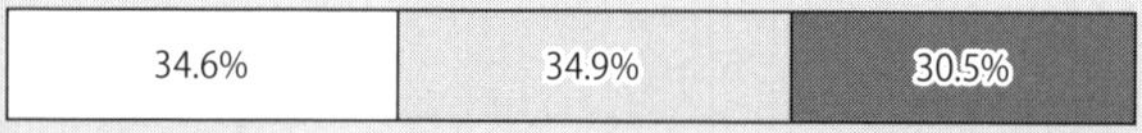
34.6%
34.9%
30.5%

アンケート 13

【無宗教形式・お別れ会形式】は、何も縛りがないため、本人や家族の想いを自由にカタチにした葬儀が可能である

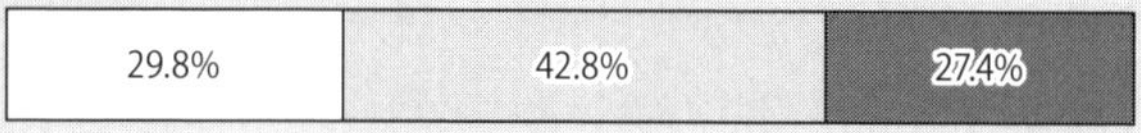
29.8%
42.8%
27.4%

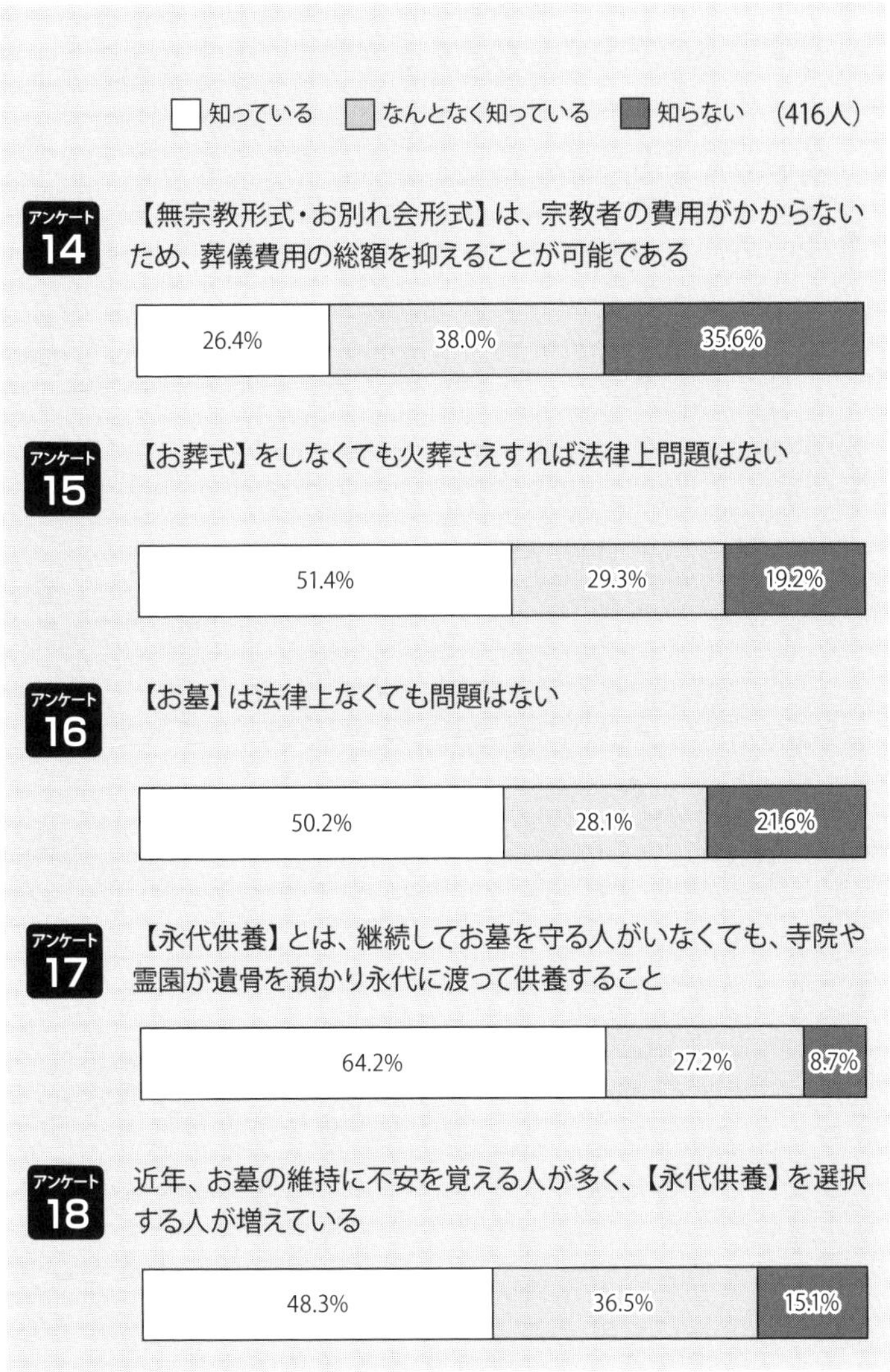
知っている
なんとなく知っている
知らない
（416人）
アンケート 14
【無宗教形式・お別れ会形式】は、宗教者の費用がかからないため、葬儀費用の総額を抑えることが可能である
26.4%
38.0%
35.6%
アンケート 15
【お葬式】をしなくても火葬さえすれば法律上問題はない
51.4%
29.3%
19.2%
アンケート 16
【お墓】は法律上なくても問題はない
50.2%
28.1%
21.6%
アンケート 17
【永代供養】とは、継続してお墓を守る人がいなくても、寺院や霊園が遺骨を預かり永代に渡って供養すること
64.2%
27.2%
8.7%
アンケート 18
近年、お墓の維持に不安を覚える人が多く、【永代供養】を選択する人が増えている
48.3%
36.5%
15.1%

あなたは、葬儀・供養に関する以下のことについて、ご存じでしたか？

□知っている　□なんとなく知っている　■知らない　（416人）

アンケート 19　海に散骨する【海洋散骨】という方法があり、近年増加傾向にある

46.4%
44.0%
9.6%

アンケート 20　お骨のごくわずかな一部を自宅で祀る・または常に肌身離さず持てるように 小さな骨壺やペンダントに収めて自宅で保管する、【手元供養】という方法がある

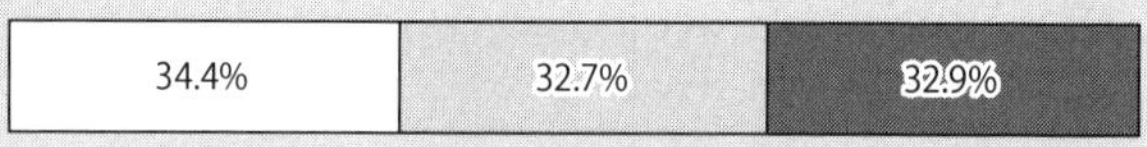
34.4%
32.7%
32.9%

アンケート 21　永代供養の一種で【樹木葬】という埋葬方法があり、近年増加傾向にある

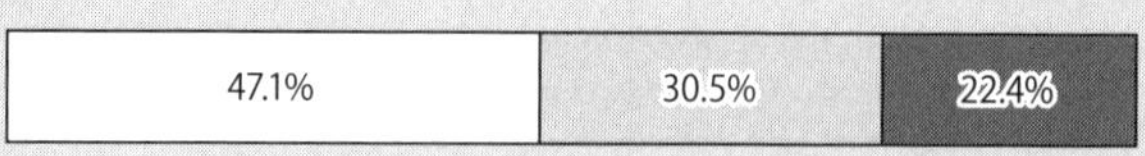
47.1%
30.5%
22.4%

アンケート 22　法律上、お骨には納骨期限(いつまでにお墓に収めなければいけないという決まり)がない

42.5%
29.6%
27.9%

アンケート 23　お寺とのお付き合いをやめる(離檀する)ことができる

39.2%
32.2%
28.6%

あなたはいくつご存知でしたか？

このアンケートの対象者は、50代から80代の方で葬儀参列の経験はもちろんのこと、喪主経験者も40％近くいらっしゃいます。70％以上の方々がこれらの情報を既に御存知なのは（何となく知っているを含める）、身近でいくつもの葬儀を見てきた世代だからこそではないかと思います。

この世代の方々には『お葬式や供養、お寺との付き合いとはこういうものだ！』というしっかりとした価値観もあるのだろうと思いつつ、念のために、最後にもう一度お別れ会形式・仏式のどちらが良いか質問をしてみました。

アンケート24 もし喪主として葬儀をするなら、お坊さんを呼んでお経をあげてもらうのではなく、お別れ会形式でしたいですか？（416人）

アンケート25 ご自身の葬儀をあげてもらうなら、お坊さんを呼んでお経をあげてもらうのではなく、お別れ会形式でしてもらいたいですか？（416人）

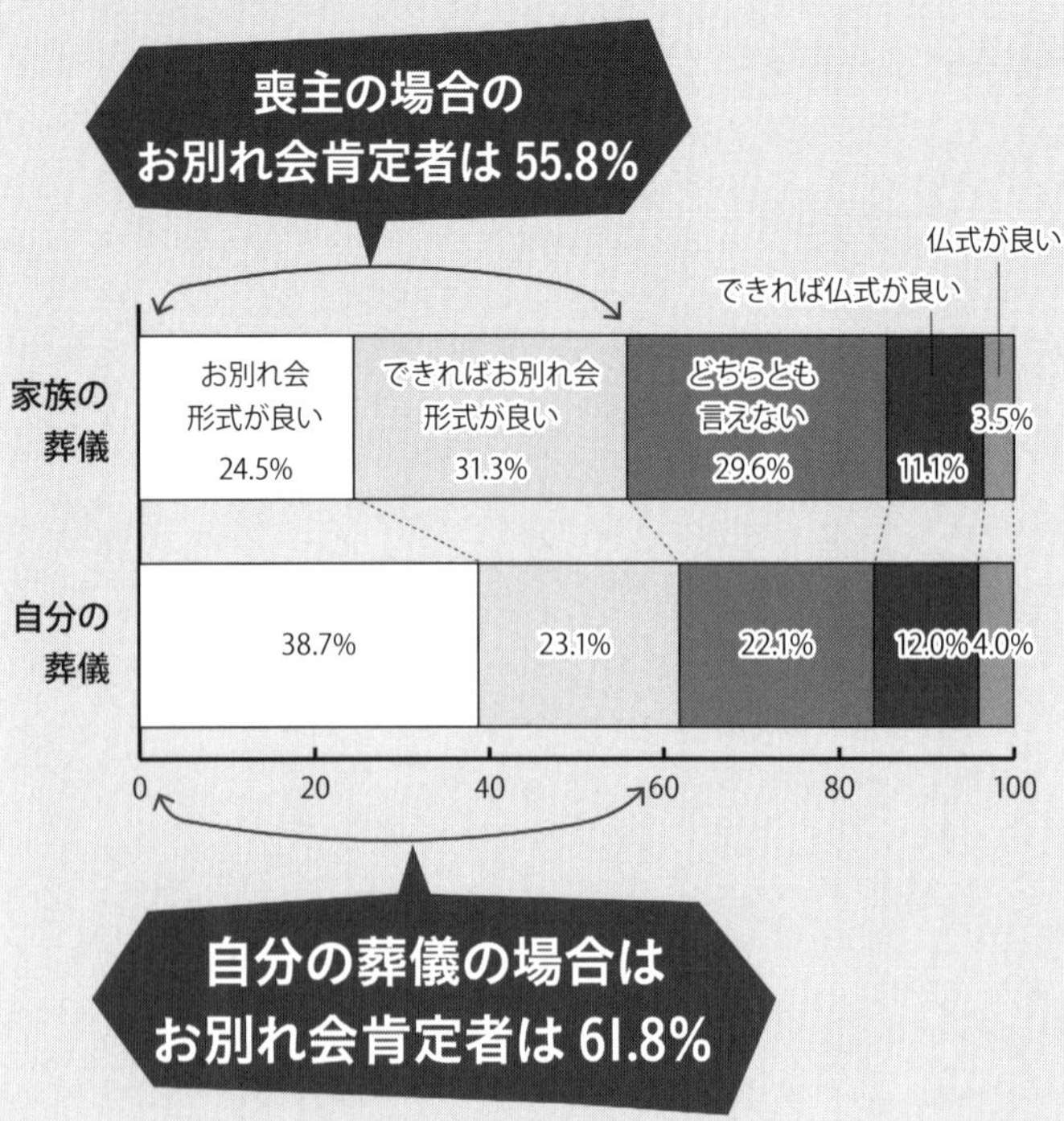
喪主の場合の
お別れ会肯定者は 55.8%
仏式が良い
できれば仏式が良い
家族の葬儀
お別れ会形式が良い 24.5%
できればお別れ会形式が良い 31.3%
どちらとも言えない 29.6%
11.1%
3.5%
自分の葬儀
38.7%
23.1%
22.1%
12.0%
4.0%
0
20
40
60
80
100
自分の葬儀の場合は
お別れ会肯定者は 61.8%

すると、右ページにもある通り、ある程度の知識を得たことだけで、74ページの回答とは真逆の結果になったのです！

このことからは、『**実のところ多くの方が仏式での葬儀に本当はこだわっているわけではない**』ということが推察できると思います。

むしろ、この程度の質問で得た知識だけでこれだけ考えが変わるということに私自身も驚きました。

この結果からすると、そもそも仏式の葬儀は望まれていなかったとさえ言えるのかもしれません。

これについては次の章でもっと詳しくお話ししたいと思います。

自社アンケートの結果

ここまでのアンケートは専門の調査会社に依頼したものですが、実は社内を含めた関係者にお願いしまくって172人の方にアンケートを取りました。

葬儀社の関係者ですから、やや知識が偏っている感は否めませんが、20代から40代までの年齢が半数以上を占めており、先のアンケートの対象外となっていた若い人の考え方も含む指標としてご紹介したいと思います。

このアンケートでは、お寺とお布施について非常にシビアな結果が出てしまいました。

自社アンケート01によると、そもそも20代から40代の層では、お寺との付き合いすらない方が半数近くになっています。

この中には親世代は付き合っているが自分達は付き合っている感覚がないという人も含まれているでしょうが、実際に、当社で施行する葬儀の18〜20%が、お寺と付き合いがな

自社アンケート 01　今現在、お付き合いのある寺院はありますか？（172人）

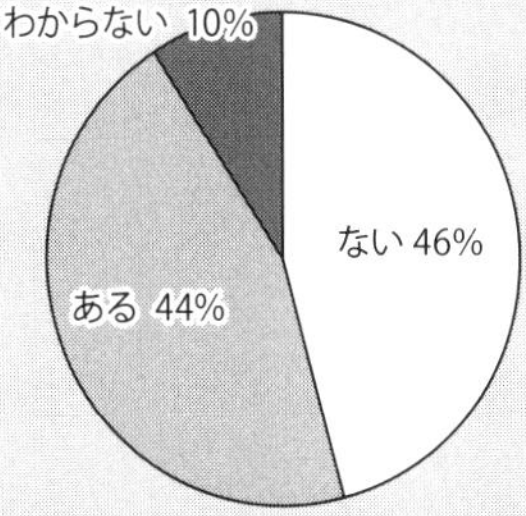
わからない 10%
ない 46%
ある 44%

自社アンケート 02　寺院との付き合い（檀家）をやめたいと思われますか？（172人）

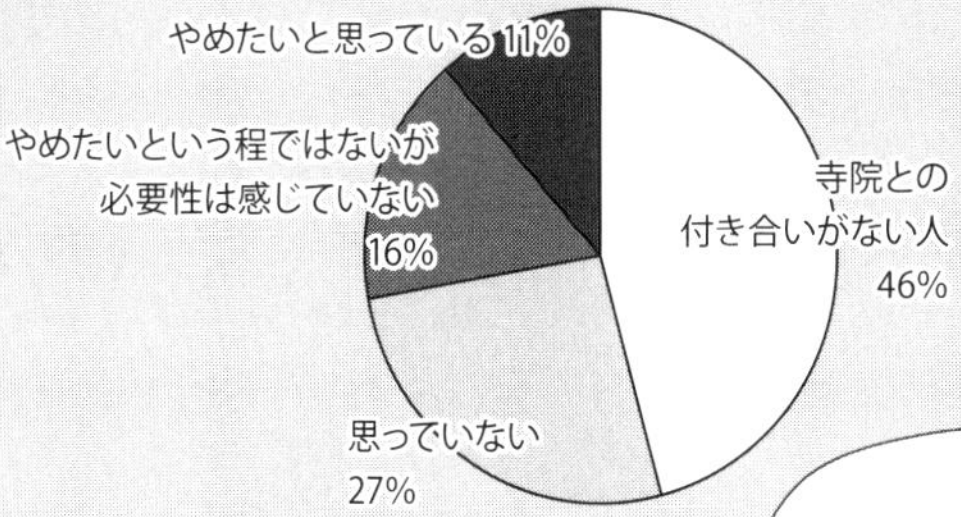
やめたいと思っている 11%
やめたいという程ではないが
必要性は感じていない
16%
寺院との
付き合いがない人
46%
思っていない
27%

『お寺とのお付き合い』について
半数に近い人がお寺との
お付き合いがありません
そしてお付き合いのある方の
半数はやめたい、または
お付き合いの必要性を
感じていません

く『葬儀の時に初めて紹介してもらう』ケースになっていいます（※都市部では50％近くになると言われています）。

そしてこれまでは葬儀を仏式で行うと、その後の法要など供養についてもそのお寺にお願いすること、いわゆる『檀家になること』が一般的だったのですが、最近は「葬儀のお経だけお願いします」というご依頼が増えているのです。

檀家となる気はないという意思の表れです。

葬儀でのお布施について年配の方の約半数はお布施が40万～50万円かかるのが当たり前と認識していますが（アンケート11より）、日常的にお付き合いがない方にとっては、お布施は葬儀の時にお経を上げていただくための代金なのです。

その結果が自社アンケート03です。1万～15万円という区切りで約68％で、それ以上という人は12％程度（※見当もつかない人20％を省く）。

自社アンケート 03

葬儀の時、お坊さんへのお礼(お布施)はいくらが妥当だと思われますか？（172人）

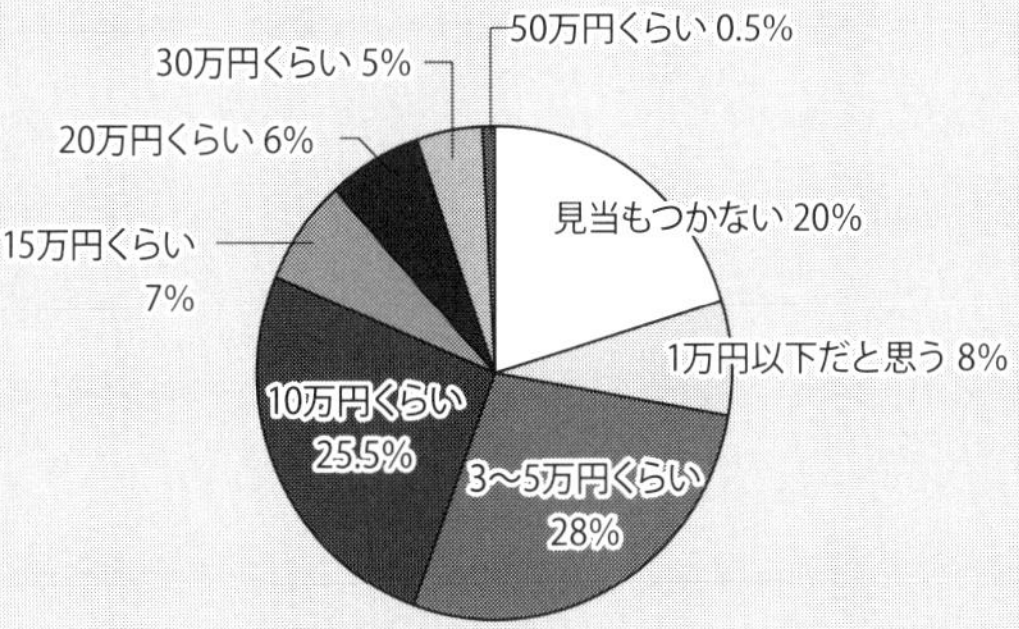
50万円くらい 0.5%
30万円くらい 5%
20万円くらい 6%
15万円くらい 7%
見当もつかない 20%
1万円以下だと思う 8%
10万円くらい 25.5%
3〜5万円くらい 28%

インターネットでの
お坊さん派遣サイトの
利用価格が5万〜15万円
くらいですから
『お経』を読んでいただく
ことに対する費用だと考えると
だいたい同じくらいですよね

お坊さん達には申し訳ないのですが、この回答をしたのは『葬儀社の関係者達』です。
つまり、お布施の相場観をある程度知っている人達の意見ということです。5万〜15万円はインターネットでのお坊さん派遣サイトの利用価格とだいたい同じくらいです。

シビアでもこれが現実なのです。

余談ですが、檀家になるということを多くの人は本当の意味で理解していません。

何となく漠然と四十九日や年忌法要《ねんきほうよう》などの時にお経を上げていただいて（その際にお布施必要）、月々のお墓の維持費がかかるくらいだと考えています（年会費の場合もあります）。

いやいや、実はそれだけじゃないんです。檀家がお寺を支えるという真の意味は、お寺そのものの維持費の支払いも義務になるということです。簡単に例をあげますと本堂が古くて修繕や建て直さなければならない時、檀家でそれらの費用を分担して支払う必要があります。

修繕であっても数千万円単位、本堂の建て直しになれば数億円単位ですから「一軒当たり数十万円を〇口から払ってくださいね」などと通知が来るのです。

檀家になるというのはそういうことだと知ると、自社アンケート02の寺院との付き合いをやめたい（檀家をやめたい）方々や、葬儀ではお経だけで良いとする方々の理由が推察できるかと思います。

お墓について

自社アンケート04によると、お墓がある人とない人の割合はほぼ半数です。

自社アンケート05で「お墓を継続して守っていくことに何の心配もなく任せられますか？（継続性や金銭面など）」という質問に何も心配ないと答えた人は25％です（アンケートでは檀家の役割まで説明していませんから、それをお伝えしていたらこの数はもっと減るのではないかと個人的には考えています）。

実際にお墓がある人が半数で、そして、死後そのお墓に入りたいと望むのであれば、絶対に知っておかなければならないお話があります。

葬儀ポータルサイトのプランで、お坊さんまで派遣してもらって安くお葬式ができて満足、あとはお墓にお骨を納めるだけという時になって、「うちの寺で葬式をあげていないのであれば納骨できません」とお寺から断られる。

自社アンケート 04

お墓、または用意してある墓地はありますか？（172人）

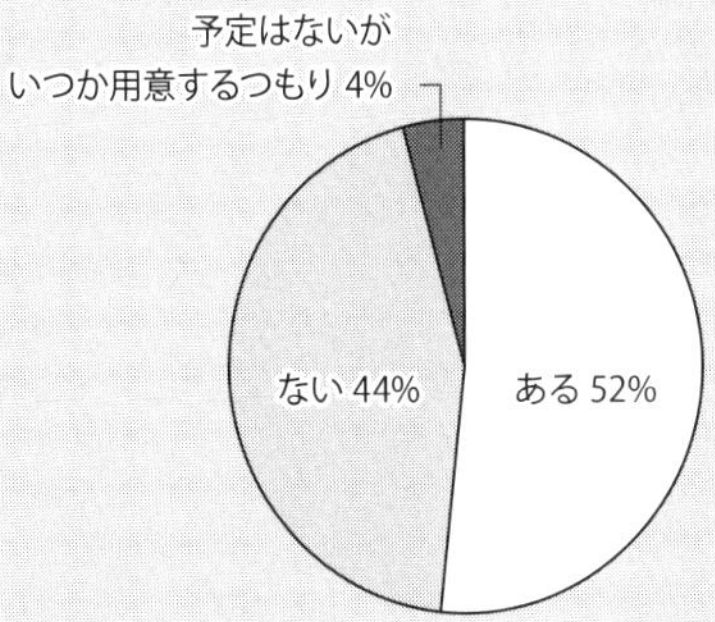
予定はないが
いつか用意するつもり 4%
ない 44%
ある 52%

自社アンケート 05

お墓を継続して守ってもらうことに何の心配もなく任せられますか？（継続性や金銭面など）（172人）

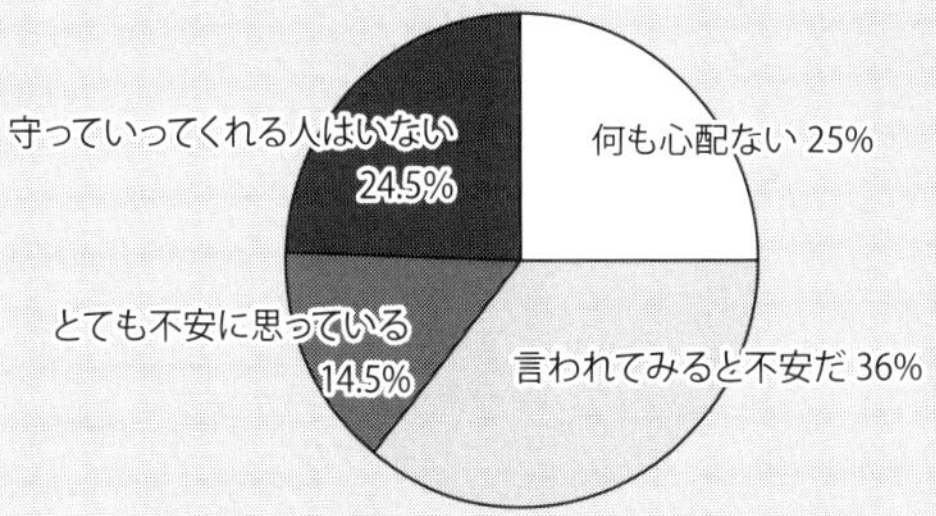
守っていってくれる人はいない
24.5%
何も心配ない 25%
とても不安に思っている
14.5%
言われてみると不安だ 36%

これは『とてもよくある』トラブルです。

ですが、これに関してはお寺の言い分の方が正しいのではないかと思います。

自分は仏教徒ではないと思っていても、そのお寺にあるお墓（実はお寺の敷地を借りているだけ）に入ることは、すなわち死後仏教徒になることを意味します。

だから仏教徒としての名前＝戒名が必要という理屈ですし、お寺の敷地内のお墓に入ることができるのは檀家だけですから、お墓の持ち主（あなたが故人となった場合、配偶者か子）が檀家としての役割を果たしていくという流れになります。

お寺の敷地内にある「先祖代々のお墓を守りたい」「自分はこの墓に入りたい」と望むのであれば、その墓を守っているお寺に葬儀を依頼するのが筋ですし、檀家としての役割を果たす必要も出てくるのです。

我々葬祭ディレクターはお寺を紹介するにあたり、この部分を必ず確認する必要があると思っています。

その配慮ができないようでは、良い葬儀社（ディレクター）とは言えません。

そして、紹介を受けるお客様の方も、この問題を軽く見ないでほしいのです。

自社
アンケート
07

ご自身のお墓は必要だと思いますか?（172人）

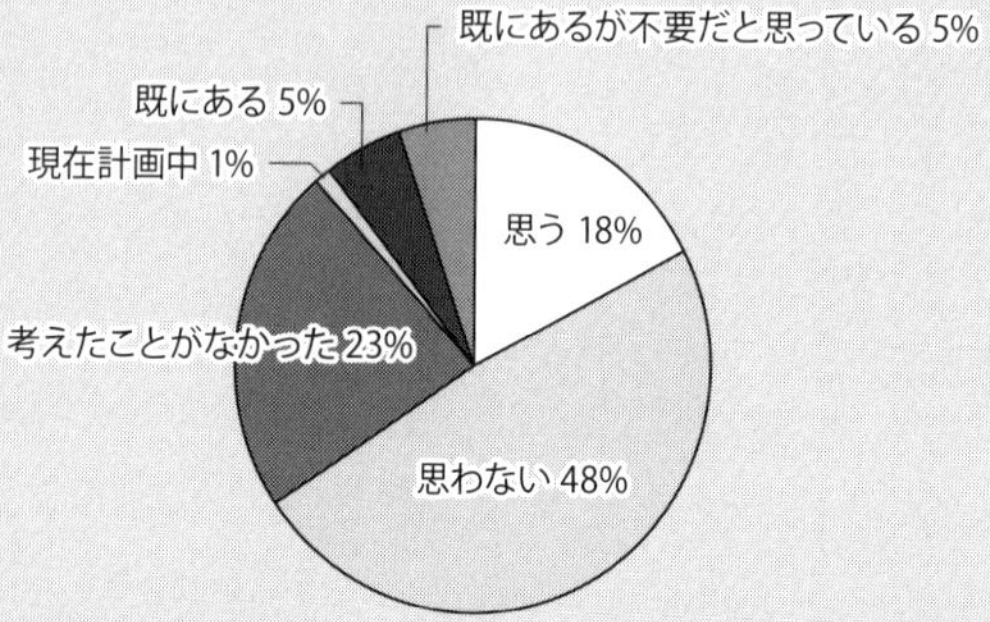

自社
アンケート
08

ご自身以外の家族が先立った場合、その方のお墓は必要だと思いますか?（172人）

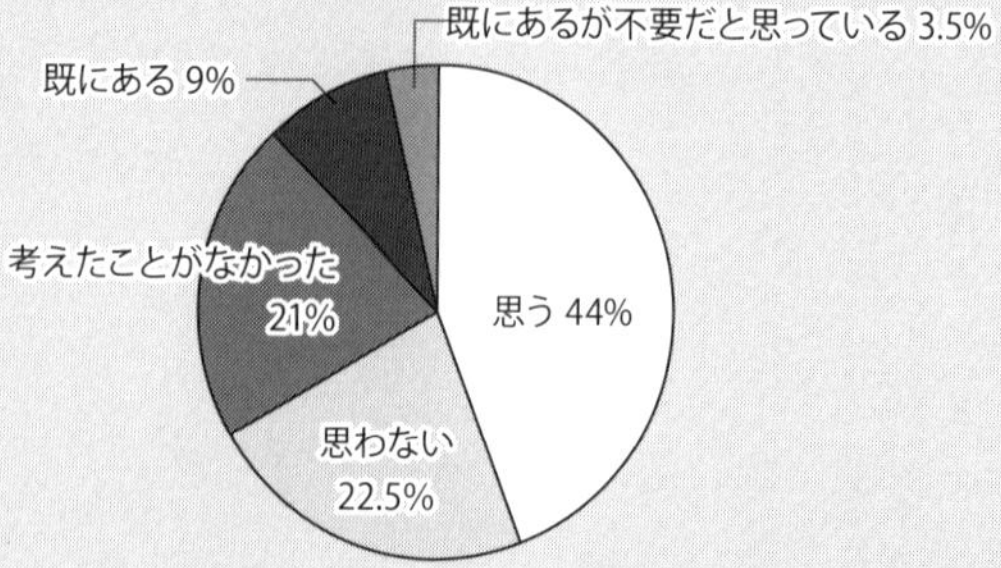

お墓についてもう一つ興味深いアンケート結果をご紹介します。

「自分（または家族）のお墓は必要か？（継続した供養は必要か？）」という設問です（自社アンケート07と08）。

家族のお墓が『必要』と答えた方の割合（44％）に対して、自分のお墓が必要と答えた人は18％、不要と答えた人は48％で逆転しています。これは、愛する家族は供養したいが、『自分自身は継続した供養を必要としない』という考えの方々が半数近くいるということです。

どういうことかと具体的に想像していただくために、50代くらいのご夫婦の会話で考えてみましょう。

妻「ねぇあなた、わたし達のお墓、いると思う？」

夫「俺の墓はいらないな。子ども達の将来に負担を残したくないし…」

妻「そうよね。でも本当に何もなしにするのは寂しいから、現実的なのは永代供養《えいたいくよう》かしらね」

夫「そうだ。俺は海に散骨するとか、できるなら宇宙葬がいい！」

妻「夢があるわねー。何もなくなるのは寂しいから手元に少しだけお骨を残してくれるなら、あとは宇宙を飛ぶのも自由にしていいわ」

これくらいの会話、今は普通ではありませんか？

宗教観の変化だけでなく、供養への価値観も大きく変わってきているということなのでしょう。

お葬式いろいろ雑学コラムをいくつか作成しましたので、是非読んでみてください。
※全て独自に調べた、または経験からのものであり『所説あり』です。

【コラム②】檀家制度の始まり

日本に仏教が伝来したのは538年（古墳時代）で今から1500年くらい前。庶民のお葬式と仏教が深く結びついて今の葬儀のカタチの大本ができたのは江戸時代初期、今から400年くらい前のことです。

【檀家制度（別名：寺請《てらうけ》制度）】ができたきっかけはキリスト教です。戦国時代に日本に入ってきたキリスト教は江戸時代になってもどんどん広がり続けており、幕府はこれはまずいと焦り始めました。

キリスト教の教えは『神のもと、人は皆平等』ですから、『士農工商』という身分制度でガッチリの江戸幕府とはとにかく相性が悪い！

案の定、日本史史上最大の一揆『島原の乱』（1637年）が起こってしまいました。

幕府は必死に鎮圧して即座にキリスト教の禁止令を出した…だけでは当然、民衆の信仰心はなくならない。そこで仏教＝お寺を利用したのです。

寺ごとに『なわばり』のように地域を分けて受け持たせ、その土地に住んでいる全員の名前を記録して「この人は私の寺の信者です。キリスト教徒じゃありません」と証明させたのです。寺が証明しない人はキリスト教＝死罪ですから、必然的に残った地域住民は全員仏教徒＝檀家になったわけで、強制的に日本全国の戸籍を作り上げてしまいました。

子が生まれれば名前を記録し、読み書きできるように寺子屋で教育。困りごとや小さな争いごとはお寺に相談して解決してもらう。人が亡くなれば葬式・法要（初七日・四十九日・年忌法要など）を執り行う。まあ、お寺が市役所と同じ役割を持つようになったと考えてください。

檀那寺は檀家の面倒を見る、檀家はお世話をしてもらうお礼として【お布施】を納め寺を支える。

これが今に続く檀那寺と檀家の始まりです。

それから200年後。江戸幕府を倒した明治政府は『寺』と『仏教』を幕府の手先だとして嫌い、檀家制度を廃止。その代わりとして神社による氏子制度を強制的に推し進めようとしたものの……、結局うまくいきませんでした。

最初は幕府の押し付けから始まった檀家制度ですが、お葬式や法要は庶民の生活にしっかりと根付いており、国家の力でも切り離すことはできなかったのです。

それから150年後の令和時代、私達は何を選び、何を残すのでしょうか？

【コラム③】火葬が普及したのは実は戦後

現代に生きる我々は亡くなったら火葬するのが当たり前だと思っていますが、火葬が日本全国で一般的になったのは実は戦後のことです。

江戸時代までは人口が密集しているところでなければ、基本的に土葬でした。

土をほって埋めればいいだけの土葬に対して、火葬は大変な燃料と時間が必要な高価な埋葬《まいそう》法でしたから、身分の高い人かお金持ちしかできなかったのです。

明治から昭和時代にかけて、人口が爆発的に増えた都市部では土葬する土地がなくなってきたこと、また衛生上の問題から火葬場が作られるようになり、段々と地方へと広まっていきました。

【コラム④】先祖代々の墓っていつからだろう？

先祖代々の墓と言いますよね。この先祖代々っていつからだろう…と思ったことはありませんか？

実際に何百年も前から存在するお墓もありますが、私達が見慣れている四角い石を積み上げた【○○家の墓】は明治時代以降、多くは昭和時代のものでしょう。

江戸時代、よほどの名家・金持ちでもない庶民の墓は、基本的に一人（または夫婦）に一つで一代限りでした。土葬する場所【埋《う》め墓】とお参りする場所【詣《まい》り墓】が別々である両墓《りょうぼ》制も多かったようですが、比較的長くお参りされる詣り墓であっても年忌法要（期間は様々）を区切りとして合祀《ごうし》（お寺の管理の墓にまとめられること）されていました。そもそも同じ墓を世代を超えて管理するという発想がなかったのです（このあたりは現代の永代供養形式と同じですね）。

先祖代々の墓という考え方を一般の民衆が持つようになったのは、明治時代の民法で【家制度】によって『お墓も家ごとに管理しなさい』と定められたためです。そして火葬が普及して納骨形式が可能になったこと。こうして【○○家の墓】が生まれたのです。

【コラム⑤】お墓が管理できなくなったらどうしたら良い？

少子高齢化に核家族化、仕事や生活スタイルの変化によって引っ越しが当たり前の現代において、【先祖代々の墓】を管理できない人々が増えています。

また、「うちは娘しかいない」「息子はいるけど実家に戻ってくることはない」といった事情の方も少なくありません。そうした方々は、実質的にお墓の継承者がいないということであり、自分達が元気なうちにお墓の未来について考えておく必要があります。

あなたの場合、どんなご供養の方法が良いのか考えるためにも、次のページのフローチャートを一度お試しください。

『お墓』どうしますか？　確認フローチャート

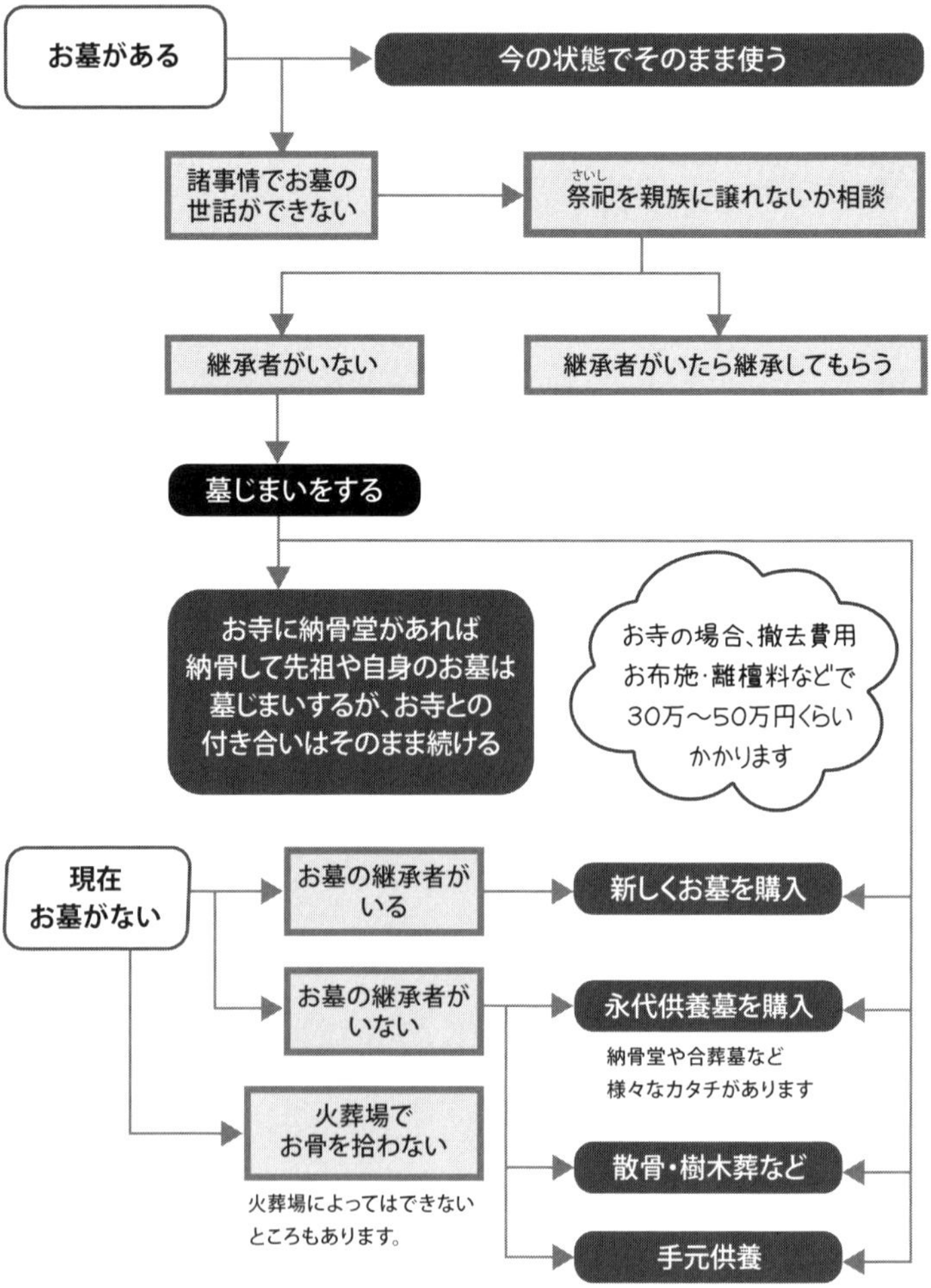
お墓がある
今の状態でそのまま使う
諸事情でお墓の世話ができない
祭祀《さいし》を親族に譲れないか相談
継承者がいない
継承者がいたら継承してもらう
墓じまいをする
お寺に納骨堂があれば納骨して先祖や自身のお墓は墓じまいするが、お寺との付き合いはそのまま続ける
お寺の場合、撤去費用お布施・離檀料などで30万～50万円くらいかかります
現在お墓がない
お墓の継承者がいる
お墓の継承者がいない
火葬場でお骨を拾わない
火葬場によってはできないところもあります。
新しくお墓を購入
永代供養墓を購入
納骨堂や合葬墓など様々なカタチがあります
散骨・樹木葬など
手元供養

第4章

令和の葬祭ディレクターの役割

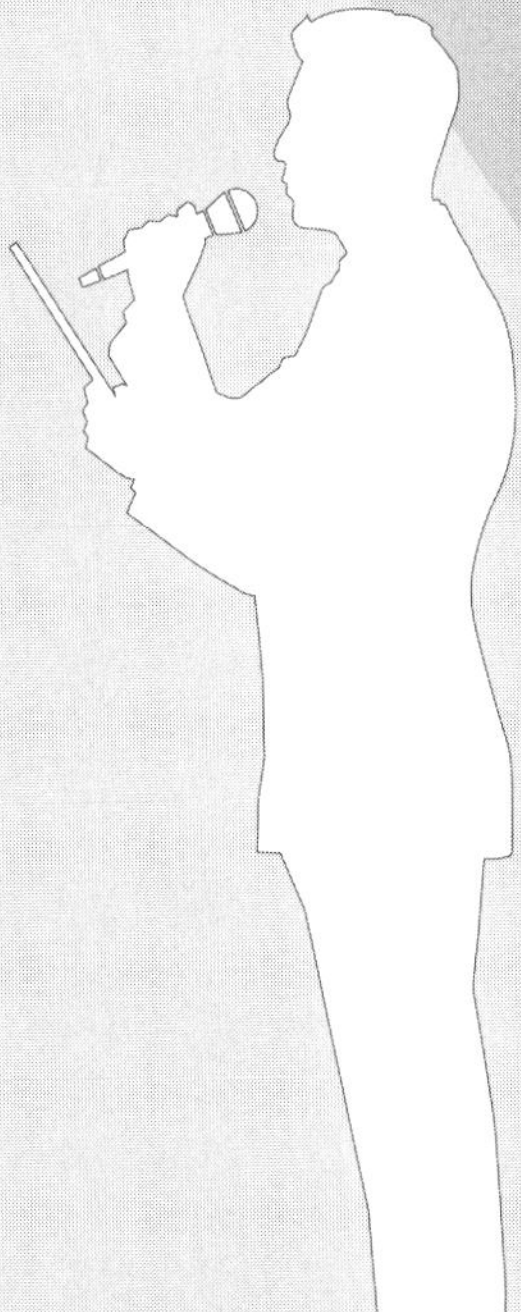

令和時代の葬祭ディレクターの役割

私は葬祭ディレクターです。でも、その前にかつては『企業』に勤める従業員でもありました。企業の役割はまず『稼ぐ』ことです。社会貢献や自己実現などとキレイゴトを言う方もいますが、大前提として稼げなきゃそれらは実現しません。

葬儀業界には非常に長く続いてきた安定したビジネスモデルがありました。

そう、それが仏式のお葬式です。

現在の葬儀社のプランは、9割以上を占める仏式葬儀に沿った形で組み立てられています。仏式葬儀であるため、お寺を模した白木の祭壇があり、僧侶が使用する備品があり、儀式の様式に則《のっと》った式次第があり、それらを内包する『葬儀プラン』であるわけです。

つまり、仏式の葬儀以外では、この既定プランを使いにくいわけです。要するに、この既定路線を外れてしまうと、『仏式葬儀ありき』で構築されているビジネスモデルが全部崩れてしまうのです。


葬儀業界の企業に勤める従業員だった私に、業界そのものを支えるビジネスモデルを壊すような行為は基本的にできませんでした。

しかし、今までの『当たり前』をふと俯瞰《ふかん》した時、それを求めていない人達に「これが普通ですよ」と勧める行為は、凄く極端に言えば『詐欺』に等しいのではと思えてしまったのです。


現在も、日本のお葬式の9割超は仏式のお葬式が行われています。しかし、日本人の9割が仏教徒でしょうか？

近似の例として適切かどうかわかりませんが、日本の結婚式の47.8％は教会（キリスト教）

式で行われているそうです。では、日本の幸せなカップルの半数はクリスチャンだということですか？

そんなわけはないですよね（笑）

幸せな二人は牧師さんに先導され、その瞬間だけ神の前で永遠の愛を誓います。

ちょっと待ってください。その人、本当に牧師さんでしたか？　それっぽい恰好をしたカタコトの日本語を話す外国人ではあったと思いますが…本当に本職の人だったんでしょうか？（気になる人は『結婚式 牧師 本物』で検索！）

実は、これと同じことが既にお葬式でも普通になっています。

自社アンケート01にもあるように『お寺と付き合いがない』と答える方が46％です。また当社で施行する葬儀の18～20％（都市部では約50％）が、お寺と付き合いがなく『葬儀の時に初めてお寺を紹介してもらう』ケースであり、最近は「葬儀のお経だけお願いします」というご依頼も増えています。

まさに、先述の結婚式と同レベルのことが起こっているのです。

ではお葬式を『お坊さんを紹介してもらって』行なったという方にお聞きします。

そのお葬式に来てくれた方、本当にお坊さんでしたか？

坊主頭で『袈裟《けさ》』みたいな服を着て『お経みたいな』ものを読んでもらったと思いますが…　本当に本職の方でしたか？　もしかしたら葬儀社のスタッフが坊主頭にして事務所で袈裟に着替えて来ただけかもしれませんよ。

と、ちょっと意地悪な冗談を申しましたが、何が言いたいかと申しますと、

『日常的にその宗教を信じていない人が、葬儀だけ宗教儀式で行うことにいったい何の意味があるのだろうか？』ということです。

日常的にその宗教に信心し、自身や家族の葬儀も是非その教えに則って執り行って欲しいと望む方は、その宗教形式の葬儀をするのが当たり前だと思います。

しかし、日本では日常的に仏教と無関係の方も、葬儀は特に疑問もなく仏式を選びます。その大多数の方の選択理由、それは

「お葬式ってそういうもんでしょ」

と、皆がそう思い込んでいるからだけなのです。

多くの方がそう思い込んでいてくれているので、葬儀社のスタッフは、何も知らない不安でいっぱいのお客様からの質問に対し、こう答えるのです。

お客様「葬儀をお願いしたいのですが、どうしたら良いでしょう？」

スタッフ「そうですね。やはりお坊さんに来ていただき、お経を読んでもらうのが『普通』ですよ」と。

お客様の方も、『何となくそれが普通』と思っていてくれているので、それに対して明

確な反論も持ち合わせていません。そのため、

「そうですね。ではそれでお願います」と葬儀社のスタッフに『依頼』するのです。『依頼』を受けた葬儀社のスタッフはお坊さんを紹介して、今まで通りのお葬式を実施します。

そう、葬儀社のスタッフは『依頼』を受けたことについて何の悪意もなく、それが当たり前であると実行するのです。そのスタッフもそれが『普通』と思っていますから。


でも、本当にそれがそのお客様にとって『最良』の答えだったのでしょうか？

「お葬式はそんなものでしょ」と何となく思ってくださっていますから、特にクレームにはならないと思いますし、何となく納得していただいたのかもしれません。でも、そのお客様にとって必ずしも『最良』の答えではなかった可能性は大いにあります。


ここで前章のアンケート24と25を思い出していただきたいのです。

実際、アンケート07と08でお葬式は仏式が良いと答えた人達にアンケート（質問）という形で、不安に思っているであろうことや、後から知ったら困るであろうことなどの知識

をお伝えして、もう一度問い直しました。それがアンケート24と25です。

すると、簡単に答えが逆転してしまいましたよね。

実はスタッフや関係者に実施したアンケートでも同じような質問をしました。「お坊さんを呼ばない無宗教形式の葬儀についてどう思いますか？」という設問では、肯定派（良いと思う・是非そうしたいと答えた人）が9割を超えたのです。

相手にとって本当に必要な情報を与えないまま一方的にこちらの都合の良いビジネスモデルだけを伝える。これって、すごくすごく色々なご意見があることを承知の上で意見させていただければ、この行為は、私は『壺を売りつける（一昔前に流行った悪徳商法）』ことと大差ないと思ってしまいました。

先程の『お葬式をどうしたら良いか』についてスタッフに質問したお客様は、日常的に仏教を信仰していませんでした。だからこそ最初の段階では（私は普段から仏教と関わったこともなく仏教について何も知らないから）「どうしたら良いでしょう？」と尋ねられたわけです。

信じていない宗教の葬送形式を行うこと、そして疑問も持たず『葬儀だけ』はそれで行うこと。まさに結婚式のキリスト教式と同じではないでしょうか。それがダメとは言いません。ただ、そこに「意味があるのですか？」と私は問いたいのです。

もちろん、その宗教儀式が好意（無料）で行われるなら、それはそれで良いのかもしれません。しかし、実際には決して安くないお礼（お布施）が必要になります。

お経を読むためだけのお坊さんを依頼するという時点で、既に信仰ではなく『ただの形式の踏襲《とうしゅう》』です。

形骸化《けいがいか》してしまった宗教儀式を「普通です」「必要です」と言い、お客様に促す行為。

私はこれに対し、これからの日本の葬儀は「ノー」と言って良いと思っています。

繰り返しになりますが、日常的にその宗教を信仰して、自分やその家族の葬儀は『是非ともその宗教の教えに則った葬儀で』と望む人は、それで行えば良いと思います。

でも、そうでない方は、新しいお葬式の在り方を望んでいって良いのです。今までのお葬式の多数派がそうであったからといって、今後もそれが『普通』ということはありませんし、それで行わなくてはいけない理由も法律もシキタリも何もないのです！

と、ここまで言い切ってしまう私ですが、、葬儀社がビジネスモデルを崩したくないという理由の他に今日まで無宗教形式のお葬式が広まっていない『本当の理由』がもう一つあります。それは、

葬祭ディレクターが面倒だからやらなかった。

非常に残念な理由ですが、これは事実です（もちろん、全ての葬祭ディレクターがそう

ではありません）。従来の宗教葬儀の場合、葬祭ディレクターは特に何も考えなくても、それに乗っかっていれば葬儀は進んで行きます。

しかし、「お別れ会形式でやりたいのですが」とオーダーを受けると、式次第を全て自分達で考えなくてはいけません。失礼ながら、オーダーして来たお客様も確固たるイメージを持っている方は極少数です。

葬祭ディレクターも、お別れ会形式の経験があるとは言え、仏式に比べて圧倒的に件数が少ないために、「お任せください！」と自信を持って言える程には慣れていないのです。

故人が亡くなられてから葬儀までの期間は短ければ１日、長くても数日程度です。

一般的にお別れ会形式の場合、フォトムービーであったり、弔辞《ちょうじ》（お別れの言葉）であったり、または好きな音楽を流して欲しいなど、普段と違う準備が必要な上、葬儀社側で用意しきれるものばかりではありません。

もともと事前に相談してくださっている方なら色々アドバイスもできますし、準備や心づもりもできますが、これまで繰り返し書いているように、葬儀の事前相談など全体の1割もありません。

ご自分で終活を行って葬儀の素材をしっかり準備していらっしゃる方ならともかく、亡くなられた直後からの準備スタートになると、数日後の葬儀に合わせて必要な素材が集まらない可能性もあるわけです。

また、今までの葬儀を『当たり前』と捉える（古い、頭の固い）方が多いのも事実ですし、今までのお寺との付き合いやお墓の問題（88ページ参照）も無視はできません。

そんな理由から、今日に至るまで【無宗教形式】【お別れ会形式】といった葬儀のカタチはあまり広まって来ませんでした。

しかし、時代は新しいシステムや価値観を作り出し、人々の宗教観も変わってきています。また、供養（お骨の行き先）のカタチも、自動搬送式の納骨堂であったり、海洋散骨、はては宇宙葬（ロケットにお骨を載せて宇宙に打ち上げる）と、実に様々な選択肢が生まれている時代です。

そう、これからの葬儀はもっと自由であって良いのです！

もちろん、葬儀は大切な方を送り出す重要な儀式ですから、そこに故人の尊厳を尊ぶ心は必要です。しかし、それが宗教儀式である必要はありません。

大切な方との本当に本当の最後の時間。これを、皆さんが納得できる時間で満たしていただくべきだと思います。大切な方と、送り出す人達のためだけの時間として使い切って欲しいのです。

今までの葬儀のカタチを望む方は、それで行えば良いと思います。
それをしっかり継承していくことも大切なことです。

しかし、『(自分は) 無宗教なのに、お葬式だけお坊さんを呼んで仏式で挙げる』ことにどれだけの意味と意義があるのか、もしそれに意義を感じられない方がいらっしゃるのであるならば、そうでない選択肢を用意し、提供していくことが、私達葬祭ディレクターに課せられた使命であると思います。

令和時代の葬祭ディレクターの役割とは、『新しい葬送のカタチを望む方に対し、それを提供し、心から遺族を支えていくこと』であると考えています。

【コラム⑥】仏壇について

一般民衆がそれぞれの家に仏壇を持つようになったのも、檀家制度ができた江戸時代からです。

仏壇と言えば、まずはキラキラの【金仏壇】。浄土真宗が多いようですが、実は他の宗派でも金仏壇はあります。基本的に仏様のいる極楽浄土（あの世）を模したものですからキラキラになるのも当然ですね。

そしてやや地味になりますが、黒檀《こくたん》や紫檀《したん》、屋久杉、桑、欅《けやき》など美しい木目の木を材料にした【唐木《からき》仏壇】。仏壇と言えば基本的にこの二つでしたが、戦後日本人の生活スタイルの変化に伴って現代的な家に合わせた【家具調仏壇】が登場します。

現在、特に都市部ではマンションのリビングやフローリングの洋室などに違和感なく置くことのできる【モダン仏壇】や【ミニ仏壇】などインテリアを重視したものが人気です。

【コラム⑦】永代供養について

『先祖代々の墓を守ること』はそれなりに負担の大きいものです。

仏式に則った法要を行おうとすると、年忌法要は最高で50年。お墓の中に入っている人が複数であれば、数年に一度は何かしらの法要を行わなければなりません。

檀家でない公営の墓地などでも、墓じまいをしない限り、世代を超えてお墓の管理は継承していかなければなりません。

少子高齢化で子どもの数は少なくなり、仕事などによってお墓にある土地に住まない人も多くなってきた現代において、お墓を管理し続けることは非常に難しくなってきています。

そこでバブルの崩壊後（平成の初め頃）から都市部を中心にじわじわと広まってきたのが【永代供養】という方法です。

・家や個人のお墓ではなく広い納骨室を共同で使用する合祀式のもの
・個人、または夫婦で入れるロッカー式のもの
・石塔やロッカーではなく青空の下、樹木の根元に骨を埋めていく樹木葬（これも永代供養の一つです）など

最初に決まったお金を払って契約すれば、祭祀者がいなくなっても33年～50年間（仏教で成仏するために必要とされる期間）は責任を持って供養してくれるというシステムです（最近は16年前後というところもあるようです）。

お墓を移転したり、独身者、子どものない夫婦、子や孫に負担をかけたくないという人、お墓不足や予算不足でお墓が欲しくても手に入らない人などを中心に、利用者が増え続けています。

【コラム⑧】お墓や仏壇を持たないという選択肢もあります

お墓も仏壇（位牌）も基本的に宗教（仏教）に関係があるものです。

これらは宗教上、必要なものですが、逆にお寺などとお付き合いするつもりがなければ、無理に持つ必要はありません。

ただ、日本人は漠然とですが神様や『霊』というものを信じていますから、故人の霊がこの世で宿るべきもの＝祈りの対象がほしいと思う気持ちはわかります。

そんな時は【手元供養】という方法をお勧めします。

・お骨や遺灰《いはい》を納めるための様々なデザインや素材の骨壺を自宅に置く。
・お骨や遺灰を入れるアクセサリーや、お骨そのものをダイアモンドに加工する　など（遺骨・遺灰・ダイアモンドで検索）。

そしてもう一つ、あまり知られていませんが、火葬場で最初からお骨を拾わないという選択肢もあります。

全国の火葬場に119ページのような電話調査をした結果、北海道・東北・関東地方は「おおむね全収骨（お骨は全部拾いなさい）、収骨拒否は不可」という印象です。

それより西および南については、多くの地域でお骨を拾わないという選択が可能になっています

（火葬場によって様々ですので、事前にお問い合わせください）。

【コラム⑨】散骨や宇宙葬についての基礎知識

散骨は遺骨を細かく砕いて粉状にして、海や河、陸地に撒くという葬送方式です。

「子どもにお墓のことで迷惑をかけたくない」「海や空に撒いてもらうことで自然に還りたい」などの理由で、人気は高まっています。

散骨そのものは違法ではありませんが、やり方によってはトラブルになりますので、専門家に相談すると良いでしょう。

故人のご遺灰をカプセルに収めてロケットで宇宙空間に打ち上げる宇宙葬も散骨の一種です。

宇宙葬は、業者さんのやり方によっては実際に『宇宙空間』まで行かないものもあるそうですので、よくよく検討してから選択されることをお勧めします。

火葬場収骨に関する調査結果

全国の火葬場に直接電話し、聞き取り調査を行いました。

※【収骨拒否可】というのは、「お骨を拾わないという選択肢が取れるか？」という意味です。誓約書を書けばOKという所も含んだ数字になっています。

※【部分収骨(残骨可)】というのは、「お骨を一部だけ拾ってあとは置いていって良いか？」という意味です。

※【強制全収骨】は、「必ずお骨は全部拾いなさい」と指示される火葬場という意味です。

括弧内の数字は施設数です。

地域	有効回答数	収骨拒否可(誓約書含む)	部分収骨(残骨可)	強制全収骨
北海道	27	7.4%(2)	29.6%(8)	70.4%(19)
東北	69	14.5%(10)	36.2%(25)	63.8%(44)
関東	101	20.8%(21)	31.7%(32)	68.3%(69)
信越北陸	73	76.7%(56)	89.0%(65)	11.0%(8)
東海	81	71.6%(58)	91.4%(74)	8.6%(7)
近畿	67	94.0%(63)	98.5%(66)	1.5%(1)
中国	73	83.6%(61)	100%(73)	0.0%(0)
四国	33	72.7%(24)	93.9%(31)	6.1%(2)
九州沖縄	141	70.9%(100)	95.7%(135)	4.3%(6)

※火葬場によって収骨の対応は違いますので、収骨拒否をお考えの方は事前にお問い合わせください。

第5章　新しいお葬式のカタチ『想送式』

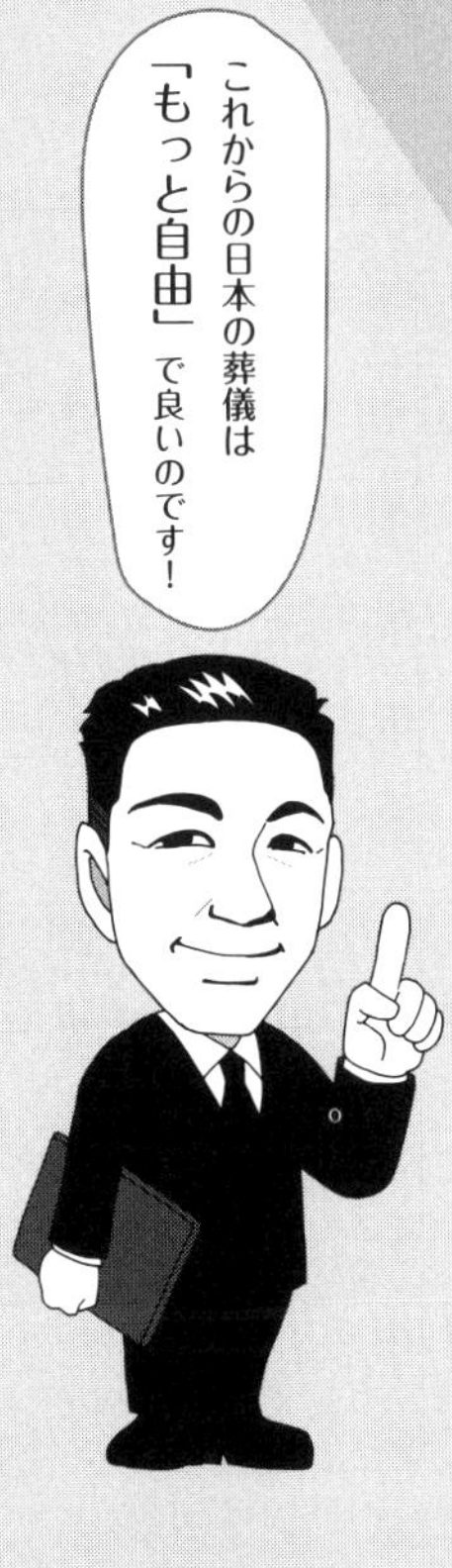
これからの日本の葬儀は
「もっと自由」で良いのです！

葬送儀礼の三原則　これさえ守ればいい

お葬式ってそもそも何でしょう？

皆さんは『お葬式』にどんな役目があると考えますか？

私は、お葬式の本当の意味（意義）とは、『残された人が、別れの痛みから一日も早く回復し、日常に戻り、その先の人生を上を向いて歩んでいけるようにする』ことだと思っています。

お葬式はそれを叶えるための一つの通過点（イベント）なのです。

きっと読者の皆様もそうでしょう。もし自分が家族を残して先立ったとしたら、家族にいつまでもふさぎ込んでいて欲しいとは思わないでしょう。もちろん、翌日にケロッとされたら少し寂しいですが、いつまでも落ち込んでいるのではなく、自分がいなくても幸せに生きて行って欲しいと願うのが人情じゃないでしょうか。

それを踏まえた上で私は、お葬式は次の三原則を満たせば成り立つと考えます。

①死亡後24時間経過後、故人の尊厳を保てる期間内で火葬する
②送り出す人達の心理上に精神的な区切りを付けること
③故人の縁故者が納得すること

それぞれ詳しくご説明いたします。

①死亡後24時間経過後、故人の尊厳を保てる期間内で火葬する

これは、非常に現実的な話で申し訳ないのですが、遺体の物理的処理の話です。

日本の法律では死亡後24時間経過しないと火葬ができません。しかし、それ以降は「いつまでに火葬しなければいけない」という決まりはありません。とは言え、遺体はナマモ

ノですからどんどん腐っていきます。したがって「故人の尊厳を保てる」すなわち「目も当てられなくなる前」に火葬をしてあげる必要がある、ということです。

②送り出す人達の心理上に精神的な区切りを付けること

わかりやすく言うと、死を受け入れるための切り替えスイッチのようなものです。死とは昨日まで生きていた人が現実の世界から完全に消えてしまうことです。昔と違って今ならばビデオや写真に撮っておけばその姿を見ることはできます。でも同じ時を過ごすことはもう二度とありません。

多くの人は親しい人の死をすぐには受け入れられないため、切り替えるきっかけのようなもの（儀式）が必要になるのです。

「このお葬式（儀式）でもって、おじいちゃんは『あの世』に旅立ったんだよ。だから『この世』の私達とは違うんだよ」と精神的な区切りを付けます。

それがどんな儀式かは人それぞれですし、地域・宗教・その時の事情によっても違ってきますが、何らかの儀式によってそれは叶うのだと思います。

③故人の縁故者が納得すること

②番と似ていますが、少し違います。一言で言うならば、『ちゃんと送ってあげられた』という納得感だと思います。

第3章のアンケートのところでは「『葬儀は200万円以上かかるのが当たり前』と思っている方が、もし何らかの事情で30万円で葬儀を終わらせたとしたら『安く済んで良かった』と喜ぶのではなく、『ちゃんと送ってあげられなかった』と後悔する」と書きました。

『命の重さに見合った送り方』の例としてアンケートの部分では金額のみの比較でした。

では、金額が高ければ高いほど良いのか、経済的な事情で思ったような金額をかけられなければ絶対に後悔するのかというと、そういうものでもないのです。

別のケースを考えてみましょう。

「自分の葬儀の時には孫にピアノを弾いてもらいたい」と生前語っていたおじいちゃんの葬儀で、遺言通り孫がピアノを弾きました。

・おじいちゃんのためにピアノを弾いてあげられた。
・おじいちゃんにピアノを聞かせてあげられた（と思う）。
・会場にピアノを用意してあげた（その費用を何とか出してあげられた）。
・おじいちゃんもきっと喜んでいる（と思う）。

などと、残されたご遺族は、『おじいちゃんの望みを叶えてあげられたこと』で葬儀にかけた金額ではない大きな満足感を得るのです。

本当におじいちゃんが喜んでいるのかどうかは誰にもわかりませんが、『命の重さに見合った送り方』をしたと『信じる』ことで、人は『納得』できて、前を向いていけるのです。

葬儀三原則を満たした新しい葬送のカタチ

葬儀三原則に私は【宗教儀式】を入れていません。

必要ないと言っているのではなく、『宗教儀式が必要だ』『宗教儀式でなければ納得できない』と思っていらっしゃる方は、その儀式で行うことが一番だと思います。

ただ、宗教儀式を本心から求めていない人にとっては、それである必要はないということです。

私はお葬式の形式として、宗教儀式以外の選択肢の可能性をもっともっと大きく広げて行きたいと願っているに過ぎません。

そうして私が考え出した新しい葬送のカタチは、敢えて命名すれば

【想送式《そうそうしき》】…想いを(で)　送る　お葬式

コンセプトは『皆で送るお葬式』です。

何をどうやって良いのかわからない方のために、基本的な式次第は設定いたしましたが、原則的には決まったカタチもなく、法律でもなく、宗教儀式でもないため、何をやっても構いません。

ただし、葬送儀礼の三原則は満たさないといけないわけですから、何がしかの儀式は必要だと考えています。そこで、私が考え出したのは『想送の儀』と名付けた儀式になります。

想送式　式次第

1　参列者着席
2　献灯の儀
3　開式のことば
4　想送の儀
（想送証明書に代表者数人で署名）
5　黙とう
6　メモリアルムービー
7　弔辞・弔電拝読
8　メモリアルイベント（フリー）
9　献花
10　喪主謝辞
11　消灯の儀
12　閉式のことば
13　お別れ
14　ご出棺

※式次第は一例です

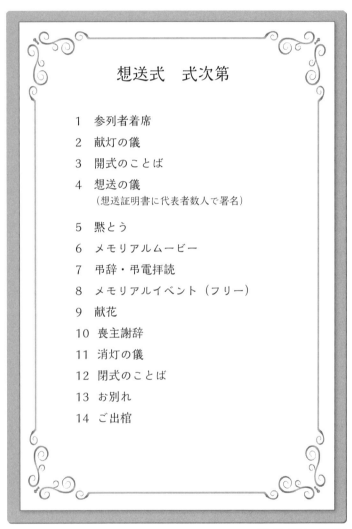

それは下の写真のような【想送証明書】というアイテムを使用し、参列の代表者数名にサインをしていただき、『皆で故人を送ったよ』という証としていただく儀式です。

これを軸に、あとは皆さま希望のセレモニーを足していただければ良いと思います。

想送証明書

私が過去に経験した同様の式の場合、次のようなものがありました。

・カラオケ好きの故人を囲んでカラオケを行った（最後にはみんなで大合唱になりました）。

・音楽が好きだった故人を偲んで、お経の代わりに故人の好きだった曲を流して参列者同士、自由に話をしてもらった。

・とにかく皆でワイワイするのが好きだったので、1時間ビュッフェ形式で食事をした。

・参列者全員に故人にまつわる思い出話を語ってもらった。

・故人の趣味の物をとにかく会場にめいっぱい展示し、みんなでその思い出を語り合った　などなど。

「あの時は一緒に苦労したよなぁ」
「本当に○○が好きで、嬉しそうだった」
「若い時は馬鹿なこともいっぱいやったけど、すごく楽しかったわ」
「今までありがとうなー」

参列者は棺のまわりで悲しみ泣きながらも、時々笑い、故人と共に過ごした時のことを語り合い、そうやって故人の生きた証、思い出を共有したのです。

本当にあたたかな、素敵なお葬式ばかりでした。

お葬式は、大切な方との最後のお別れの時間です。精神的な区切りを付けるために、どこかに『儀式』の要素はあるべきだと思いますが、その限られた時間を参列者が『納得』できることに、全て使い切って欲しい。

想送式は、そんな想いを叶えられる『新しいお葬式のカタチ』になって欲しいのです。

そして、令和時代の葬祭ディレクターは、今までの葬儀の形式を『当たり前』とし続けるのではなく、守るべき儀礼文化は大切にしつつも、新しい価値観や文化を認め、より高みを目指していかなくてはいけません。

私達の仕事は、葬儀をつつがなく終わらせることではないのです。今までの『当たり前』を継承することでもありません。

より、お客様の心に寄り添い、遺族や故人に縁のある人達が『納得できる』お葬式を行うお手伝いをすること。

それが我々葬祭ディレクターの使命なのです。

第５章　新しいお葬式のカタチ『想送式』

あとがき

私事ではありますが、この書籍の発行を企画する少し前に、家族ぐるみで親しくしていた友人を亡くしました。満39歳。彼女は10歳と8歳の子どもを持つ明るくて優しいお母さんでした。

彼女とそのご家族との出会いは、約10年前。赤ちゃん好きな私の娘が「近所に可愛い赤ちゃんがいる」と言って、まだ幼稚園児だったにもかかわらず、勝手に家を抜け出し彼女の家のベルを鳴らしたことがお付き合いの始まりでした。

以来、ことあるごとに一緒に食事をしたり、バーベキューをしたり、時には旅行をしたり。本当に家族ぐるみで親しくしていました。

ずっとこの良い関係が続くものと信じて疑いもしませんでしたし、お互い子どもが巣立ったあとに、夫婦同士で過ごす未来を語ったりもしていました。

そんな彼女のご主人から「葬儀の相談をしたい」と依頼があったのは２０１８年の年末のこと。

５年前からガンと闘い、手術や治療を繰り返した結果、余命宣告されたことは聞いていました。緩和ケア病棟に入院している彼女はやや気怠そうにしているものの、いつものようににこやかに笑っていました。

「お坊さんを呼ばずに、無宗教形式のお別れ会をしたいんですよ」

そう切り出した旦那さんの言葉に続けて彼女が言いました。

「今までの一般的なお葬式ではなく、私らしさを表現したいの。子ども達の記憶に辛い悲しいという思いをなるべく残さなくて済むお葬式にしたいです」

正直余命宣告を受けたからといって本当に彼女が亡くなるなんて少しも実感がなかった私は、ここで突然理解しました。

彼女は本当に死んでしまうのだということを…。

私は彼女の体力を気遣い、なるべく簡潔に自社で提供している葬儀のプランやモデルを紹介しました。

しかし…、話をしているうちに、自分の無力さをヒシヒシと感じてしまっていたのです。

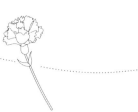

私が説明した葬儀のモデルやプランは、全て私がスタッフと共に作り上げてきたものです。モデルごとのサービス、価格設定、内包する物品の種類など、他社の研究を行い、原価計算を見直し、この地域では他社に負けないものを構築したつもりでした。

会館もそうです。新規出店や大型リノベーションなどはゾーニングから内装デザインまでほぼ全て自身で行ってきました。今までの経験を駆使し、お客様にとって居心地良く、必要な広さや動線を確保しつつ、スタッフが使いやすいようにコンセントの高さまでこだわりながら良いものを作ってきたつもりでした。

実際に多くのご好評もいただき、業績も上がり、良いサービスが提供できている!……というつもりになっていました。

ところが……彼らに説明をしている間、私の脳裏に浮かんでいたのは『こんなことじゃない。彼らにとって必要なこと、私が本当に教えてあげなくてはいけないのはこんな話ではない』というやるせない思いでした。

明確な答えにたどり着けないまま無力感を覚えながらも、ひと通り『一般的な』話をして私はその場を辞しました。

葬儀の相談を受けた日以降、彼らから葬儀の話が出ることはありませんでした。何度かお見舞いに行ったり、彼らの下の子が誕生日の時は一緒に病室で誕生日会を開いたりもしました。私が趣味で作るローストビーフを持参すると、お肉好きな彼女はお寿司のシャリにローストビーフを乗っけて嬉しそうに食べてくれました。

病棟の看護師さんや主治医の先生までも入れ代わり参加してくださり、先生はハーモニカを吹いてくれたりもして、とても病院の中とは思えない楽し気な様子で…。

それから数カ月。

日付が変わった直後、午前0時16分。私の個人携帯が鳴りました。社用携帯であれば深夜に鳴ることもありますが、着信しているのは個人携帯のほうです。画面を見る前から嫌な予感しかしませんでした。

「先ほど○○が亡くなりました」

やはり、彼女のご主人からでした。

衝撃を受けながらも私はプロです。必要な話を彼に伝え、会社、そして様子を察知して起きて来た妻にも伝えて病院に向かいました。

病棟に着き、ご主人に声をかけ病室に入ると、ただただ眠っているだけにしか見えない彼女と、彼女の両親、そして子ども達が付き添い用のベッドに眠っていました。

すぐに様子の変化に気付き起きてはきましたが、きっとお母さんが亡くなったという事実を完全には理解していないのでしょう。

時間も時間ですし、元気とは言い難いのですが、あまり普段と変わらない様子の子ども達が、私の目にはかえって痛ましく映り、締め付けられるような想いをこらえながらも、駆け付けてくれたスタッフと共に、彼女を自宅へ連れて帰りました。

自宅に到着すると、間もなくご主人の両親も駆け付けてくれ、ご主人、彼らの両親、そして私とで、葬儀をどうするか話し合いをしました。

「本人（妻）の希望でもありましたので、無宗教（お別れ会）形式で葬儀をしたい」とご主人が切り出しました。

彼女のご両親も「本人の希望通りにしてやって欲しい」と言ってくれました。

ご主人のご両親は「地元のお寺の住職に相談もしてある。来てもらってお経を読んでもらうこともできるし……」と、従来のお葬式のほうが良いのではというニュアンスがありましたが、最終的には「本人の希望通りにしてあげなさい」と承諾していただけました。

葬儀の前日までに、彼女の訃報《ふほう》は多くの友人に伝わり、入れ代わり立ち代わり彼女の家に弔問に訪れます。そんな友人達の協力もいただきながら、彼女を送り出す儀式の準備を進めました。メモリアルフォトムービーの制作では、子ども時代の写真から、最近の写真や動画を家族や友人に集めてもらいました。
私のスマホにも一緒に旅行に行ったり遊びに行った時の写真や動画がたくさん保存されています。学生時代の写真や、旦那さんとのデートや

結婚式の写真、子どもができてから出会った友人達との旅行やバーベキューなど楽しかった思い出の写真を選定して1本のムービーを作りました。

　式当日の朝、これまでの数日そうしてきたように、私は彼女の頭をなで、声をかけました。「○○ちゃん　おはよう」と。
　皆さんはあまりご存じないかもしれませんが、私達葬儀社のスタッフは、葬儀が終わるまでご遺体の状態を常に気にしています。姿勢が崩れていないか、お顔や髪に乱れがないかなど。
　友人であればなお更です。それ以上声をかけると泣けてくるので、心の中でこれから始まるお別れの儀式を告げました。

　式が始まり、司会者の先導で、儀式の始まりを告げる灯《あか》りをご主人の手によって灯《とも》してもらいました。ご主人に点火していただいた種火から、祭壇の燭台《しょくだい》に灯りを移し、黙とう。

それを合図に会場を暗転させ、皆さんが目を開けたタイミングでメモリアルフォトムービーの上映をスタート。

確認やリハーサルで何度も見ていたのですが……、溢《あふ》れる涙を抑えきれません。

運営側である私が泣いている場合ではないのはわかっています。今まで本当に多くの方を見送ってきた葬儀のプロとしての顔を保てず、こらえようとしても涙を止めることができなかったのです。それは会場の皆さんも同様でした。

会場中がすすり泣く中、彼女のお姉さん、そして子ども時代の友人、ママ友として私の妻もお別れの言葉を述べ、皆さんに献花と、ほぼ全員の方にお棺にお花を手向けて最後のお別れをしていただきました。

この葬儀の中、目を伏せ涙を流す人々の向こうで、写真の中の彼女はずっと笑っていました。子ども達や旦那さん、友達と楽しそうに、とても幸せそうに…。

それを見ていて、私の中に確信した想いが芽生えました。

私らしさを表現したいの。
子ども達の記憶に辛い悲しいという思いを残したくない。

「このお葬式（この時間）は、彼女のために、彼女のためだけに全て使い切れた！」

という想いです。

参列してくれたPTA会長さんから、こんな言葉をいただきました。

「彼女とは数回挨拶をしただけしか接点がありませんでしたが、今回のお葬式では、彼女の人生や人となりがしっかり伝わってきて、本当に良かったです。こんなお葬式は今まで経験したことがありません。感動という言葉が適切かわかりませんが、本当に感動しました」

その時、私の中に今まで『当たり前』としてきたお葬式に対する考え方が180度変わったのです。

私も含め、皆さんもそうであると思いますが、親しい友人の家族が亡くなり、お通夜やお葬式に駆け付けた時、いったい何をしに行くのでしょう。多くの場合、受付で記帳を行い、案内された席に座り、お経を聞き、焼香をして、黙って頭を下げて席に戻る。ほとんどの場合そうだと思います。

しかし、本当に自分がしたいことは、お経を聞くことでもなく、焼香をすることでもなく、ましてや記帳をすることでもなく、友人の元に駆け寄り、

「大変だったね。辛いよね。私もすごく寂しいよ。何か力になれることがあったら言ってね」と声をかけてあげることじゃないでしょうか？

故人の写真などが飾られていたら、それを見ながら在りし日を偲んで思い出話をしてあげることじゃないでしょうか？　故人はとても幸せだった。充実した素晴らしい人生を送ったよ…と。

それこそが、愛する家族を失い、心に大きな痛みを持った友人に対する、唯一の救いになるのだと思います。

友人にとって、馳せ参じてくれた友の気遣い、亡くなった家族に対しての思い出を共有してくれる一体感こそが、『寄り添い助けになる』のだと思います。

20年、多くの葬儀に携わってまいりましたが…　本当の意味で、『葬儀とは何か?』の答えを得られた瞬間でした。

我々、葬儀に携わる人間の使命を気付かせてもらいました。我々はもっともっと多くの方を救う手助けができるということを。そして、葬祭ディレクターという仕事はもっともっと崇高なものに昇華できるということを。

彼女は本当に多くの幸せをみんなに与えてくれたと思います。家族だけでなく、多くの友人にも。そして私には、それらと共に大切な気付きも与えてくれました。

心からの感謝と、いつまでも変わらない友情を捧げます。

無宗教なのに
どうしてお葬式にお坊さんを呼ぶの？

2020年2月9日　初版発行

著　　者　大森　嗣隆
制作協力　エーディーウェーブ株式会社
発 行 所　株式会社 三恵社

〒462-0056 名古屋市北区中丸町 2-24-1
TEL 052-915-5211（代） FAX 052-915-5019
https://www.sankeisha.com/

Printed in Japan
ISBN　978-4-86693-176-0